우리 곁에 오신 부처님

마음을 밝혀 주는 27가지 불교 이야기

우리 곁에 오신 부처님

2009년 4월 25일 초판 1쇄 인쇄
2009년 4월 28일 초판 1쇄 발행

엮은이 | 고은
그린이 | 한태희
펴낸이 | 여승구
편 집 | 전은희
디자인 | 김준영
마케팅 | 지경진
펴낸곳 | 지형

주소 | 서울시 마포구 합정동 385-1 2F (121- 885)
전화 | 02-333-3953
전송 | 02-333-3954
이메일 | jhpub@naver.com
출판등록 | 2003년 3월 4일 제13-811호

글 ⓒ 고은, 2009
그림 ⓒ 한태희, 2009

ISBN 978-89-93111-16-3 (73810)

값은 뒤표지에 있습니다. 잘못된 책은 바꾸어 드립니다.
저작권법에 의하여 한국 내에서 보호를 받는 저작물이므로 무단 전재 및 복제를 금합니다.

우리 곁에 오신 부처님

마음을 밝혀 주는 27가지 불교 이야기

고은 글 • 한태희 그림

지형

 차례

우리 곁에 오신 부처님 · 7

끝없는 길 · 14

유마의 작은 방 · 22

지옥에서 만난 부처님 · 30

어린 선재의 여행 · 38

가난한 여인의 등불 · 48

바늘집의 딸 · 56

향기로운 꽃과 맛있는 열매 · 64

사랑의 왕 · 72

어머니의 슬픔 · 80

횃불을 든 사람 · 88

붉은 벌판 위에 지은 성 · 96

가장 깊은 상처 · 104

친구가 준 보물 · 112

가장 작은 물방울 · 120

말 잘하는 스님 · 128

두 개의 머리를 가진 새 · 136

500명의 동지를 위하여 · 146

독을 없애는 약 · 156

바보 중의 바보 · 163

덜 익은 고기 · 171

고물상 큰아버지와 조카 · 180

거북이의 먼 여행 · 188

비나를 연주하는 스님 · 197

장님 아나율의 지혜 · 204

집을 나간 아들 · 211

두 자매의 모습 · 217

엮은이의 말 · 222

우리 곁에 오신 부처님

우주는 끝없이 넓습니다. 이 우주는 여러 하늘나라들로 채워져 있지요. 그중에는 착하고 어진 이들이 머무는 도솔천 나라가 있어요. 눈부신 보석 궁전과 향기롭고 언제나 시들지 않는 꽃밭이 있고 먹지 않아도 배가 고프지 않는 나라지요. 그곳에서는 슬픈 일도 마음 아픈 일도 없고 다들 늘 즐겁게 살아갑니다.

하늘나라 도솔천은 그냥 우연히 만들어진 게 아닙니다. 이 세상에 사는 우리들이 좋은 생각을 하고 좋은 일을 하면, 그때마다 도솔천에는 꽃봉오리가 하나 새로 맺히고 예쁜 조약돌이 맑은 시냇가에 한 개 더 생겨나지요. 그렇게 우리들의 착한 마음이 모여 도솔천 나라가 된 거예요.

우리는 한번 이 세상에 태어나서 죽는 것으로 끝나지 않아요. 죽으면 다시 생명을 얻어 다른 생물이나 사람으로 태어나게 되지요. 하늘을 나는 새가 될지, 물속을 헤엄치는 물고기가 될지, 아니면 조용히 서 있는 나무나 풀이 될지 그건 아무도 몰라요. 그렇지만 좋은 일, 착한 일을 많이 하면 그런 일들이 쌓여서 더 훌륭하고 멋진 이로 다시 이 세상에 오게 되는 거예요. 그렇게 태어나고 죽는 일을 거듭하다가 언젠가는 도솔천 나라에 태어날 수도 있지요.

옛날 옛적에 석가모니 부처님은 이 세상에 오기 전, 도솔천 나라에서 선혜보살로 살고 있었어요. 석가모니 부처님이라고 해서 처음부터 도솔천 나라에 살았던 것은 아니에요. 우리와 마찬가지로 그 역시 짐승 노릇도 하고, 좋지 않은 일도 저지르고, 고통 속에서 힘들어하기도 했던 평범한 무리들 가운데 하나였어요. 거지로 태어나 업신여김 당하며 살았던 적도 있고, 임금님이 되어 큰 나라를 다스렸던 적도 있었어요. 도둑질을 했던 적도 있고, 지혜로운 철학자로 태어나서 이 우주의 이치를 밝힌 적도 있었어요. 그러면서 착하고 어진 일들을 쌓고 쌓아서 이윽고 도솔천의 선혜보살로 태어날 수 있었지요.

그가 도솔천 나라에 태어나기 전 어느 세상에서 떠돌이 나그네가 되어 살고 있었을 때의 일입니다. 하루는 어느 숲 속을 지나는데 나무들 사이로 호랑이가 어흥어흥 하면서 나타났어요. 나그네는 깜짝 놀라 가까운 나무 위로 올라가서는 무서움에 떨고 있었어요. 그런데 호랑이는 어디로 가 버리지도 않고 나무 밑을 맴돌더니 그냥 주저앉아 버리는 게 아니겠어요. 나그네가 정신을 차리고 살펴보니 호랑이는 며칠째 아무것도 먹지 못한 듯 힘없이 울고 있었어요. 아무리 사나운 호랑이라고는 하지만 그 모습이 불쌍하기 짝이 없었지요. 더 이상 움직이지도 못하고 그대로 죽어 가는 호랑이를 본 나그네는, 문득 무엇인가를 크게 깨달았어요. 그는 자신의 몸을 호랑이에게 던져 주어야겠다고 생각했습니다. 그것은 정말 무서운 용기였어요.

'한번 울부짖으면 산골짜기와 숲 속이 뒤흔들리고 온갖 새들과 짐승들이 벌벌 떨며 자취를 감추는 그런 사나운 맹수지만, 먹을 것이 없으니 저렇게 죽어 가는구나. 불쌍하고 불쌍하구나. 내 몸을 아낌없이 던져 저 호랑이를 살리자. 내 몸을 버리지 않고 어떻게 사랑할 수 있겠는가. 어떻게 다른 이의 고통을 덜어 줄 수 있겠는가. 가엾은 호랑이야, 내 몸을 삼키고 힘을 내어라. 내가 너를 살리겠다.'

이렇게 결심하고 나그네는 호랑이에게 몸을 던졌습니다. 굶주린 호랑이는 뜻밖에 먹을 것이 생겼으므로 정신없이 그 나그네를 잡아먹고 기운을 차리게 되었지요. 그 뒤로 호랑이는 그런 일이 있기 전과는 달리, 함부로 다른 짐승을 잡아먹지 않고 필요한 만큼만 죽은 짐승의 시체나 먹고 사는 사납지 않은 짐승이 되었습니다. 그리고 나그네는 자신의 몸을 바쳐 호랑이를 구한 커다란 사랑의 힘으로 도솔천 나라에 선혜보살로 태어나게 된 거지요.

선혜보살은 도솔천에서 더욱 지혜와 사랑을 쌓아 부처가 되기 위해 열심히 공부했습니다. 그런데 그는 도솔천의 행복에 흠뻑 젖어 살면서도 언제나 그렇지 못한 괴로움, 슬픔, 아픔, 어리석음으로 가득한 다른 세상의 무리에 대한 생각을 잊을 수 없었습니다. 그들을 생각하면 비단옷도 보석 기둥의 궁전도 연못의 연꽃도 다 부질없게 생각되었어요.

'여기서 나 혼자 편하게 지내서는 안 돼. 가서 괴로운 무리들을 구하고, 그 괴로움 속에 함께 있어야 해. 나 혼자 즐거운 건 참으로 즐거운 일이 아니야. 모든 이들이 골고루 즐거워야 그게 참다운 즐거움이지. 무리가 울 때 나도 울고 내가 웃을 때 무리도 웃어야지, 나 혼자 웃으면 그 웃음은 헛된 메아리에 지나지 않아. 무리 가운데로, 괴로움 속에서 신음하는 무리 가운데로 달려가고 싶구나.'

젊은 선혜보살은 도솔천 나라의 시원한 향나무 밑에서 끝없는 우주 한 구석의 사바세계(우리가 살고 있는 지구)를 내려다보며 이런 생각을 하고 있었습니다.

'가자. 저 불쌍한 무리를 건지러 가자. 어서 가자, 저 불쌍한 사바세계로.'

그는 몇 번이고 그곳으로 가기로 굳게 마음을 먹었어요. 선혜보살은 한 개의 별로 내려다보이는 사바세계를 마음의 눈으로 바라보았습니다. 그러자 거기 사는 사람이나 온갖 새와 짐승, 그리고 그 밖의 여러 가지 살아 있는 것들이 받고 있는 괴로움이나 아픔이, 마치 자신이 낳은 아들이나 딸이 받는 괴로움과 아픔처럼 느껴져서 하루라

도 편할 때가 없었습니다.

'저 무리가 저렇게 괴로움에 시달리고 덧없이 늙고 병들고 죽어 가는데, 여기서 나만 재미있게 살아서는 안 돼. 도솔천 나라도 단지 이 나라만을 위해 있는 거라면 거짓된 것이야. 가자, 가자.'

그는 자꾸자꾸 자신을 다그쳤어요. 그러나 그가 이런 결심을 하기 전에 이미 사바세계로 갈 보살이 정해져 있었어요. 바로 늙은 미륵보살이었습니다. 하얀 머리와 수염을 다 깎아 버린 아주 자애로운 얼굴을 한 미륵보살은, 누가 보아도 "우리 할아버지! 우리 할머니!"라고 부르며, 그 너그럽고 따뜻한 품 안에 안기고 싶어 할 만큼, 크고도 깊은 사랑을 가지고 있었어요.

젊은 선혜보살은 다른 보살들에게 그런 미륵보살이 불쌍한 무리를 건지기 위해 사바세계로 간다는 소식을 들었습니다.

"아니, 그게 정말이오?"

"그렇다오, 선혜보살."

"내가 가겠어! 내가 가겠어! 미륵보살께 찾아가서 내가 가겠다고 해야지!"

선혜보살은 뜀박질해서 도솔천 안쪽에 있는 궁전으로 달려갔습니다. 떠날 날이 며칠 남지 않은 미륵보살은, 궁전 구석의 '고요히 생각하는 방'에 앉아 있었어요.

문을 열자마자 선혜보살은 미륵보살에게 "미륵보살님! 보살님 대신 제가 사바세계로 가겠어요." 하고 큰 소리로 외쳤습니다. 그러나 늙은 미륵보살은 그에게 아직 더 공부를 해야 하고 지혜가 완전하지 않으므로 안 된다고 자상하게 타일렀습니다.

"아닙니다. 제 공부만 해서는 공부가 아니라고 생각합니다. 거기 가서 고생하는 여러 무리와 함께 공부하고 싶습니다. 제발 제가 갈 자격이 없더라도 꼭 보내 주세요."

그렇게 밤낮없이 애원하므로 미륵보살도 마음이 움직이지 않을 수 없었어요. 그는 도솔천의 여러 보살들과 의논을 한 다음 "나 대신 선혜보살을 사바세계로 보내겠소." 하고 선언했습니다. 그 대신 미륵보살은 사바세계 다음에 올 세계, 즉 사바세계가 끝난 뒤 56억 7천만 년이 지나서 펼쳐지는 미륵 세계를 맡기로 했습니다.

이윽고 선혜보살은 깊은 생각을 끝내고, 장차 이루어야 할 일을 맹세한 뒤 도솔천 나라를 떠났습니다. 그리하여 그는 사바세계에서 가장 높은 히말라야 산맥의 기슭에 자리 잡은 아주 작은 나라에 왕자로 태어났습니다. 도솔천에서 사는 귀한 자격을 얻었으면서도, 공부도 괴로움도 여러 무리와 함께하기 위해 다시 이 세상으로 달려온 거예요. 크나큰 사랑으로 자신의 모든 것을 버린 사람, 그는 그렇게 우리 곁에 왔습니다.

끝없는 길

　옛날에 지금 인도라고 불리는 나라는 많은 작은 나라들로 나뉘어 있었어요. 그중에 카필라 나라는 정반왕이라는 임금이 어진 정치를 펼친 덕분에 풍요롭고 평화로웠습니다.
　정반왕에게는 외동아들 싯다르타가 있었어요. 총명하고 심성이 고운 왕자였지만, 늘 뭔가를 깊이 생각하는 모습이 정반왕은 마음에 걸렸습니다. 아마도 어머니 마야 부인이 왕자를 낳은 지 7일 만에 세상을 떠났기 때문인지도 몰랐어요.
　마야 부인은 하얀 코끼리가 옆구리로 들어오는 꿈을 꾸고 왕자를 잉태했습니다. 해산일이 다 되어 친정으로 가던 길에, 한창 봄이 깊어 가는 아름다운 룸비니 동산의 보리수 아래서 왕자를 낳았지요.

그때 알 수 없는 빛이 비치고 꽃비가 내리고 하늘에서 무지개가 어린 왕자를 향해 내려오는 신비로운 일이 일어났어요. 사람들은 다들 좋은 징조라고 기뻐했지요.

과연 덕망이 높은 아시타라는 선인(仙人)이 왕궁을 찾아와 "왕자님이 왕궁에 머문다면 온 세상을 다스리는 큰 임금이 될 것이고, 출가한다면 거룩한 깨달음을 얻어 부처님이 될 것입니다."라는 예언을 하기도 했어요. 출가한다는 것은 이 세상의 진리를 깨닫기 위해 집을 떠나는 것이지요.

정반왕은 왕자가 슬픈 빛을 띠고 곰곰이 생각에 잠기는 모습을 볼 때마다 그 예언이 떠올라 혹시 왕자가 왕궁을 떠나지나 않을까 자꾸 걱정이 되었습니다. 그래서 온갖 귀한 보석으로 왕자의 방을 꾸미고 화려한 잔치를 벌이고 아름답고 춤 잘 추는 궁녀들로 하여금 시중들게 했어요. 왕자는 그래도 그다지 기뻐하는 내색이 없었습니다.

어느 봄날 싯다르타는 정반왕의 허락을 받아 궁 밖으로 나왔습니다. 장차 훌륭한 임금이 되려면 백성들이 사는 모습을 봐야 하지 않느냐고 정반왕을 설득한 것이지요. 동쪽 성문 밖으로 나가다가 왕자는 마차를 멈추게 했습니다. 깡마르고 머리는 하얗게 세고 허리 굽은 한 노인이 남루한 옷을 입고 걸어가는 모습을 보았기 때문이에요. 궁중에서만 사느라 그렇듯 나이 든 이를 본 적이 없었던 왕자가 시종에게 물었어요.

"저 사람은 왜 저렇듯 불쌍한 모습이냐?"

"나이를 먹어 늙었기 때문입니다."
"누구나 늙으면 저렇게 되느냐?"
"그렇습니다."

왕자는 그 말을 듣고는 슬픈 얼굴이 되어 행차를 멈추고 왕궁으로 돌아왔습니다. 얼마 뒤에 왕자는 다시 시종을 거느리고 남문 밖으로 나갔습니다. 그러나 얼마 못 가서 길가에 쓰러져 너무나 고통스럽게 신음하는 사람을 보게 되었습니다. 시종은 그가 병이 들었기 때문이라고 말했어요. 왕자는 이번에도 마차를 돌려 왕궁으로 돌아왔습니다.

시간이 흐른 뒤에 왕자는 또 궁 밖으로 나가 보고 싶어졌습니다. 이번에는 서문을 통해 밖으로 나갔는데, 꽃상여를 메고 울며 가는 사람들의 행렬과 맞부딪쳤습니다.

"저 사람들은 왜 저렇게 슬프게 울고 있느냐?"

왕자의 물음에 시종은 머뭇거리다가 대답했어요.

"사람이 죽었기 때문입니다, 왕자님. 사람은 한번 이 세상에 태어나면 언젠가는 죽습니다. 또 죽은 사람과는 영원히 만날 수 없으므로 저 사람들이 저렇게 슬퍼하는 것입니다."

"그럼 나도 언젠가는 죽게 되겠구나."

왕자는 이번에도 그냥 궁으로 돌아오고 말았습니다. 며칠 동안 왕자는 궁 밖에서 본 광경을 떠올리며 괴로워했습니다. 궁중 생활과는 너무나도 동떨어진 채 고통 속에 살아가는 백성들의 모습이 마음 아

팠습니다. 또 왕자로서 호화롭게 살고 있다고는 하지만 그 자신 역시 늙고 병들어 죽을 수밖에 없는 사람임을 마음 깊이 느꼈습니다. 어째서 이 세상은 슬픔과 고통으로 가득 차 있는가 하고 왕자는 깊은 한숨을 내쉬었어요.

왕자는 시종을 데리고 다시 북문 밖으로 나갔습니다. 북쪽 성문을 나온 지 얼마 안 되어, 다 해진 옷을 입고 있었지만 얼굴에서 밝은 빛이 나고 몸짓이 의젓한 사람을 만났습니다. 왕자는 그에게 누구인지, 무엇을 하는 사람인지 물었어요. 그는 "저는 이 세상의 고통에서 벗어나기 위해 출가하여 숲 속에서 수행하는 수행자입니다."라고 대답했습니다. 그날 왕자는 바로 궁으로 돌아오지 않고 별장에 들러 쉬었어요. 그의 얼굴에는 오랜만에 기쁜 빛이 가득했습니다.

스물아홉 살이 되던 해 왕자는 몰래 왕궁을 빠져 나왔습니다. 겉으로는 화려하지만 참다운 즐거움이 없었던 궁을 떠나는 것은 조금도 아쉽지 않았어요. 그러나 인자한 아버지 정반왕, 아름답고 슬기로운 아내 야수다라와 태어난 지 얼마 안 된 아들 라훌라와 헤어지는 일은 그에게도 괴로운 일이었어요. 그렇지만 싯다르타 왕자는 태어나고 병들고 늙고 죽는 고통을 벗어나지 못한다면, 온 세상을 다스리는 왕이 된다 할지라도 헛된 일임을 알고 있었어요. 또 그는 그런 고통에 빠져 살아가는 백성들을 건져 내고 싶었습니다. 그게 그가 가야 할 길이었어요.

궁을 빠져 나온 어느 새벽 강가에서 얼굴을 씻고 귀한 왕자의 옷을 벗어 던진 뒤로, 그는 더 이상 싯다르타 왕자가 아니었습니다. 헐벗고 굶주린 채 깨달음을 얻기 위해 수행하는 이름 없는 수행자였어요. 스승을 만나 가르침을 받기도 했지만 이 세상의 고통은 어디서 오는지, 그리고 그 고통에서 벗어나려면 어떻게 해야 하는지 알려 주는 사람은 아무도 없었어요. 그는 제대로 자지도 먹지도 않고 인생과 우주의 진리에 대한 참된 깨달음을 얻기 위해 열심히 수행했어요. 한번 깊은 생각에 빠지면 한자리에서 꼼짝도 하지 않아, 달팽이가 머리 위에 집을 지을 정도였답니다.

그렇게 6년의 세월이 지나 당장 쓰러지기라도 할 듯 쇠약해졌으나 아직도 그에게는 깨달음이 찾아오지 않았어요. 어느 날 그는 몸을 괴롭힌다고 해서 마음이 고요해지는 것은 아니라는 생각이 들었어요. 그래서 강가로 가서는 맑은 물에 몸을 씻고 마침 그곳에 나온 우유 짜는 소녀에게서 우유 한 그릇을 받아 마셨어요. 기운을 차린 그는 보리수 아래 단정히 앉아 다시 깊은 생각에 잠겼습니다.

보리수 아래 앉은 지 21일째가 되던 날이었어요. 막 새벽별 하나가 동쪽 하늘 위로 밝게 떠오르는 순간이었습니다. 새벽별과 그 사이의 멀고 먼 거리가 갑자기 사라지고 그는 그 별과 하나가 된 듯이 느껴졌어요. 이 우주의 이치가 또렷이 떠오르면서 그의 얼굴에는 평화와 기쁨이 넘쳤습니다. 이 세상 모든 것은 끊임없이 변하며, 태어나고 죽는 것이 결코 다른 것이 아님을 깨닫고 그는 마음속의 온갖 고통에서 벗어났어요. 드디어 그렇게 오랜 시간을 통해 찾았던 참된 깨달음을 얻은 것입니다. 진리를 깨달은 자, 부처가 된 거예요. 그는 새벽 별빛이 점점 힘을 잃고 사라져 가는 모습을 바라보면서 자리에서 일어났습니다. 거기엔 보리수 잎으로 만든 방석만 남아 있었습니다.

이분이 우리가 석가모니 부처님이라고 부르는 분이에요. 그가 속한 부족 이름이 '석가'였으므로 깨달은 사람이란 뜻의 '모니'를 붙여서 그렇게 부르는 것입니다. 부처가 된 그는 이제 지난 세상에서의 자신의 모습도 다 돌아볼 수 있었어요. 사바세계로 내려오기 전 선혜보살이었던 것도, 이 세상의 고통받는 무리를 건지겠다는 맹세를 하고 도솔천 나라를 떠나온 것도, 다 어제 일인 듯 분명해졌습니다. 그는 그 맹세를 지켜야 했어요.

'자, 나는 부처가 되었다. 그러나 그 기쁨을 나 혼자 간직해서는 안 된다. 하루 빨리 많은 이들에게 부처가 되는 길, 진리의 길, 사랑의 길을 알려 주어야 한다. 어서 세상으로 나가 굶주린 이에게 밥이 되고 장님에게 지팡이가 되어 주자.'

석가모니 부처님은 깨달음을 얻어 부처가 된 뒤, 어느 한곳에서 머무는 일이 없었습니다. 온 세상이 그의 집이요, 숲과 강기슭, 산기슭이나 길가가 그가 잠자고 쉬고 살아가는 곳이었어요. 부처가 되기 전에는 혼자 살았으나, 이제는 누구든 만나 진리를 전하느라 자는 시간까지 아껴야 했어요. 부처님이 살았던 옛 인도는 귀하고 천한 사람이 서로 손길 닿는 것조차 피하는 사회였지만, 그는 아주 비천한 계층의 사람이든 한 나라의 임금이든 가리지 않았어요. 여자든 남자든 나이 든 사람이든 어린 사람이든, 부처님은 모든 이들을 고통에서 구하기 위해 일생을 바쳤습니다. 늘 많은 제자들이 부처님을 따랐지만, 아무런 권력도 부귀도 누리지 않았어요. 다만 그는 길에서 태어나고 길에서 살다 간 길의 부처였어요.

그렇게 깨달음을 얻은 뒤로 45년 동안 석가모니 부처님은 쉼 없이 이 세상의 고통받는 사람들에게 진리를 전하고 사랑을 펼쳤습니다. 그리고 어느 해 사라쌍수 나무 아래서 제자들에게 마지막 말을 남겼어요.

"나를 스승으로 삼지 말고, 계율을 스승으로 삼고 진리를 스승으로 삼아라. 모든 것은 변하니, 게으름 없이 정진해라. 나는 이제 가련다."

석가모니 부처님은 오른쪽 허리를 대고 옆으로 누워서, 이윽고 이 세상의 삶을 마쳤습니다. 슬픔이 세상을 채웠으나, 그 슬픔은 곧 부처의 길을 위한 노래가 되었어요.

유마의 작은 방

옛날 인도에 유마라는 가난한 철학자가 살았어요. 그는 여러 가지 훌륭한 사상을 공부하고 사람들에게 가르침을 전하면서 근근이 살아가고 있었지요. 어쩌다가 야자열매 하나를 얻으면 그것으로 하루 끼니를 때우고도 굶주리는 기색을 보이지 않는 선비이기도 했어요. 마을의 부자들이 쌀을 한 짐 져다 주어도 받지 않고, 이 세상의 진리를 묻는 젊은이들과 지내다가 빈 배로 잠드는 일이 한두 번이 아니었지요.

그런 유마는 석가모니 부처님을 만나 말씀을 듣고는 깊은 감동을 받아 부처님의 가르침을 두루 배웠습니다. 끝내는 부처님만큼이나 깊은 깨달음을 얻고 덕을 쌓아 '머리 깎지 않은 부처'라는 칭송을 받게 되었어요. 그만큼 지혜와 사랑이 높고 깊었던 거예요.

　사람들은 모든 물이 만나는 바닷가 바위에 생긴 소금과 같다고, 유마를 '소금 부처'라고 부르기도 했지요. 그는 절에 가지도 않고 부처님 일행과 자주 어울리지도 않고 집에 머물렀지만, 젊은이들에게 부처님의 가르침을 전하는 일에 아주 열심이었습니다. 그러니까 유마는 석가모니 부처님이 안 계셔도 부처님을 대신해서 이 세상의 진리를 말할 수 있었던 거지요.

　그는 몹시 가난해서 허름한 오두막집에 살았는데, 그의 방은 송장 눕힌 관보다 클까 말까 한 아주 작은 골방이었어요. 그렇지만 사람들이 이런 데서 어찌 자고 깨느냐고 물으면, "아, 이 작은 방이야말로 우주 전체가 다 들어 있는 곳이야." 하고 웃어 대었지요.

　그의 이름은 날로 퍼져서 북부 인도의 여러 강기슭에서는 유마라면 어린아이까지도 모르는 이가 없었어요. 길을 가는 사람에게 "저쪽 고개를 넘으면 유마 스승이 사는 마을이 나옵니다. 여기에서 세 번째 마을이 손님께서 찾는 아라야 마을이에요." 하고 젊은 아낙네가 알려 줄 정도였어요. 그리고 서로 뜻이 맞지 않아서 다투다가 지치면 어느 한쪽 사람이 "이제 그만두자고. 유마 스승께 가서 물어보면 자네가 옳은지 내가 옳은지 밝혀질 거야." 하고 손을 털고 일어서는 일도 있었어요.

　유마는 대낮인데도 컴컴한 골방에 들어가 고요히 생각하는 일이 많았어요. 누군가는 느닷없이 방문을 열었다가 그의 눈빛이 어둠 속에서 파르르 떨며 빛나는 것을 본 일도 있었답니다.

그 무렵 석가모니 부처님 일행이 마침 유마가 사는 마을 앞의 드넓은 들에 이르렀습니다. 일행 가운데는 지혜로 이름난 문수보살도 있었어요. 부처님은 그런 문수보살의 아름다운 이마를 바라보다가 말했습니다.

"여기 와서 들으니 이 마을의 유마가 몹시 앓아누워 있다고 하는데, 병문안을 갔다 오너라."

"유마 말씀인가요?"

"그렇다. 다녀오너라."

"아니, 유마라면 병을 앓을 만한 사람이 아닙니다. 그는 수행이 높은 사람이라 병이 찾아올 수 없을 텐데요."

"아니다. 앓고 있다 하니 가 보아라."

문수보살은 석가모니 부처님의 분부에 못 이겨 쓰러져 가는 유마의 오두막을 찾았습니다.

마침 그의 늙은 아내는 품을 팔러 나가고 없었습니다. 아이도 제 엄마를 따라 들에 나갔지요. 문수보살은 "흠흠" 인기척을 내고, 유마의 골방 문을 열었습니다. 쇠똥을 땔감으로 때는지 쇠똥 냄새가 배어 있었어요.

어둠 속에서 밤의 호랑이 눈빛같이 사나운 빛 두 개가 문수보살을 쏘아 대었습니다.

"아니, 유마 님께서 이렇게 앓고 계신 것을 몰랐습니다. 어쩐 일이십니까?"

"아, 문수보살님이시군요. 오랜만에 뵙습니다. 부처님께서 이 근처에 오셨습니까?"

"다 아시면서 물으십니까? 하하하."

"하하하."

"그런데 어쩐 일로 이렇게 병석에 누워 계시는지요?"

"하하, 여러 살아 있는 무리들이 앓으므로 저도 앓고 있습니다. 세상의 여러 무리들이 아파하니, 어찌 제가 아프지 않겠습니까? 무리가 웃으면 저 또한 웃고, 무리가 슬퍼하면 저도 그대로 슬픈 달 슬픈 해가 됩니다."

유마는 작은 골방에 살면서도 다른 이들의 슬픔과 아픔을 알고 있었어요. 그의 말대로 그 작은 골방 안에 우주 전체가 다 들어 있었던 걸까요? 다른 이들이 슬프고 아파하니 그 역시 슬프고 아프지 않을 수 없었던 거예요. 문수보살은 그런 유마의 마음이야말로 자신의 높은 지혜보다 더 귀하다는 생각이 들었어요. 부처님은 늘 "고통받는 무리를 고통에서 건지는 것이 깨달은 자가 해야 할 일이다."라고 이야기했으니까요.

두 사람은 모두 말을 멈추고 눈을 감았어요. 그러나 침묵을 통해서 서로 얼마나 많은 말을 주고받았는지 모릅니다.

문수보살은 날이 저물어서야 일어났습니다.

"이걸 좀 드세요."

문수보살이 빈주먹을 활짝 폈습니다. 아무것도 없는데도 유마는 기뻐했습니다.

"아아, 석가모니 부처님께서 보낸 것인가요?"

유마는 아무것도 없는 문수의 손바닥에서 뭔가를 쥐는 시늉을 했습니다.

"부처님께서 유마 님의 병이 나으시라고 드리는 약입니다."

"고맙습니다. 이런 사람에게도 약을 보내 주시니, 참으로 자비로운 분이십니다."

부처님은 유마가 왜 앓아누워 있는지 다 알면서 문수보살을 보냈는지도 몰라요. 유마에게는 부처님의 깊은 가르침밖에 다른 약이 필요하지 않았어요.

문수보살은 석가모니 부처님께 돌아왔습니다. 부처님은 그를 보자 빙그레 웃으면서 유마가 어떻느냐고 물었습니다. 문수보살도 웃으면서 대답했어요.

"언제나 저는 그를 당해 낼 수 없어요. 또 얘기하다가 져 버렸습니다."

"아니다. 유마가 문수고, 문수가 유마다. 문수보살이 졌다면 유마도 진 거야."

석가모니 부처님은 몹시 기뻐하면서 "내 유마 같은 이, 문수 같은 이를 만난 기쁨을 어디에 비교하랴." 하고 지그시 눈을 감았어요.

이튿날 아침, 부처님 일행은 다른 고장으로 떠났습니다. 장사꾼들

이 새로 난 지름길이 있다고 하므로 그 길을 따라 이제까지 한 번도 가 본 적이 없는 새 길로 접어들었습니다. 나무 한 그루 없는 텅 빈 들이 나타났습니다. 그곳에서 만난 농부에게 제자 사리불이 물었습니다.

"여기는 무슨 들이오?"

"네, 부처님 일행이시군요. 여기는 유마 들판이라 합니다. 옛날 유마라는 분이 주인이었는데, 가난한 이들에게 다 주어 버리고 어디론가 사라졌답니다. 그분이 어디 계시는지 한번 뵙는 게 소원입니다. 우리에게 이런 들을 주시다니!"

문수보살은 거기서 유마가 큰 부자였던 사실을 알았습니다. 그는 농부에게 유마가 사는 마을을 가르쳐 주려다가 그만두었습니다. 유마의 뜻에 어긋날 것 같았기 때문이지요.

"그냥 씨 뿌리고 가꾸어서 서로 나눠 먹고 굶주린 이를 도우면 그게 유마 님의 은혜를 갚는 일입니다. 농사 잘 지으시오."

문수보살이 말하자 석가모니 부처님도 한마디 거들면서 농부에게서 밥을 빌고, 쌀도 몇 되 얻었습니다.

부처님이 농부에게 말했습니다.

"당신이 농사지어서 밥을 주듯, 우리도 진리라는 밥을 지어서 여러 사람에게 돌려줍니다. 나도 농부요. 그러니 당신이나 나는 똑같이 농사를 잘 지어야 합니다. 밥의 농사도 크고 마음의 농사도 큽니다. 이 두 가지가 똑같이 클 때 이 세상은 사랑으로 가득해집니다.

부디 이 넓은 들판의 농사를 잘 지어서 큰 진리와 함께 베푸는 이가 되어 주기를 바라오."

"부처님! 어찌 저 같은 농부가 그 말씀을 잊어버리겠습니까."

부처님 일행은 유마 들판을 바라보며 계속 길을 갔습니다. 하늘을 나는 새도 부처님을 따라갔습니다.

"저 새도 유마와 함께 살던 새로구나."

문수보살은 그 새를 오래 바라보았어요. 그리고 뒤처진 길을 재촉해서 부처님을 따랐습니다.

지옥에서 만난 부처님

이 세상이 고달프고 덧없을수록 사람들은 이런 세상 밖에 괴로움 없고 늘 즐겁고 변함없는 다른 세상이 있기를 바랍니다. 또 착한 일을 하면 죽어서 좋은 세상으로 가고, 악한 일을 하면 나쁜 세상으로 간다고 믿지요. 극락은 바로 착한 일을 한 사람들이 죽은 뒤에 가는 세상입니다. 이와 반대로 나쁜 일을 저지른 사람들은 지옥에 떨어져서 이 세상에서는 상상할 수도 없는 온갖 괴로움과 아픔을 겪게 됩니다.

극락세계에는 아미타 부처님이 계셔서 늘 여러 착한 이들과 즐기고 있습니다. 그런 착하고 높은 덕을 쌓은 이 가운데 지장보살이라는 분이 있었어요.

늘 시원한 바람이 솔솔 불고 꽃은 지는 일이 없고 집들은 일곱 가지 보배로 단장한, 평화와 기쁨으로 채워진 극락세계에는 무엇 하나 모자라는 것이 없지요. 지장보살도 그런 즐거움을 흠뻑 누리면서 살아가고 있었습니다.

어느 날 지장보살은 아미타 부처님과 함께 극락의 호화로운 거리를 걸어가다가, 문득 한 구름 사이로 아래를 내려다보았습니다. 그 순간 그는 깜짝 놀랐습니다. 그곳에서는 상상해 본 적도 없는 무서운 광경이 펼쳐지고 있었어요.

"아니! 저게 무엇이지요, 아미타 부처님?"

"허허, 지장보살님께서는 처음 보시는 모양이군요."

"이 극락세계에서 어찌 저런 무서운 광경이 보일 수 있습니까?"

"내가 그대에게 저런 세상도 있다는 걸 보여 드리려고 구름 한 장을 걷어 올렸지요."

"어딥니까, 저기가?"

"허허허, 바로 저곳이 지옥이라오."

"지옥?"

"온갖 악한 무리가 떨어지는 지옥이라오. 석가모니 부처님의 제자 목련의 어머니도 악한 일을 한 죄 때문에 여덟 번 얼고 여덟 번 끓는 지옥에서 괴로움을 받고 있다가, 목련의 간절한 효성으로 가까스로 지옥을 면하고 다른 세상에 태어난 일이 있지요."

"아아, 끔찍합니다."

"끔찍하기로는 이 우주에서 으뜸이지요."

아미타 부처님은 조용히 한숨을 쉬며 손짓을 했습니다. 그 손짓 하나로 뭉게구름이 생기더니 발아래 지옥세계가 가려졌어요. 그들은 극락세계의 눈부신 보석 궁전을 지나 연꽃밭에 이르렀습니다. 연꽃이 그득하게 피어 있었어요. 참으로 아름다운 풍경이었습니다. 아미타 부처님이 말했어요.

"나는 일찍이 이 세상의 온갖 무리를 고통에서 건지기 위해 마흔여덟 가지 큰 맹세를 했고, 그것을 다 이루어 많은 이들을 구했습니다."

그 말을 듣고 지장보살이 벼락 치듯 소리쳤어요.

"아미타 부처님, 저는 지옥으로 가렵니다!"

"네?"

"지옥에 가서 저 지옥의 무리와 함께 살겠습니다."

"그곳에서는 날마다 독사에게 먹혀서 죽고 나서 살아나서 또 독사에게 먹히기를 되풀이합니다. 또 날마다 바늘에 찔리면서 살아야 하고, 백 가지 악귀들에게 둘러싸여 언제나 무서움에 떨어야 합니다. 그런데도 거기 가시겠소?"

"네, 가겠습니다. 지옥의 무리가 다 없어지고 그 지옥이 마지막으로 텅 빈 다음, 저도 이 세상 마지막에 부처가 되겠습니다. 저 혼자 이런 극락에서 즐겁게 살고 싶지 않습니다."

"지옥은 끝없는 곳입니다. 그곳이 비는 날이 언제일지 아무도 모릅니다."

"몇천만 겁(하늘과 땅이 한 번 열린 때로부터 다음 열릴 때까지 무한히 긴 시간), 몇억만 겁이 지날 때까지 저는 지옥에서 그들과 함께 아픔을 나누렵니다. 그것이 제 소원입니다, 아미타 부처님."

"참으로 장하십니다. 그게 지장보살님 소원이라면 뜻대로 하십시오."

"아미타 부처님, 고맙고 고맙습니다."

"아니오, 내가 보살님께 고마워해야지요."

지장보살은 그 연못가에 더 앉아 있었어요. 그러면서 오래고 오랜 자신의 지난날을 마음의 눈으로 돌이켜보았습니다. 그러다가 그 자신도 지옥에서 산 일이 있음을 똑똑하게 떠올렸습니다. 극락세계에 오기 전 옛 삶의 어느 때였던가 지옥에서 괴로움을 당했던 적도 있고, 아수라라는 악한 신들의 싸움터에서 피를 흘리며 싸웠던 적도 있었어요. 그는 한숨이 절로 나왔습니다.

'지옥은 사바세계에서 말하자면 혹독한 형벌을 받는 감옥이야. 나도 옛 삶의 세상에서 그런 지옥에도 있었고, 아수라 세상에서도 살았어. 지금 나는 이 극락세계에서 더없는 복을 누리고 있어. 이제는 다른 세상에 갈 까닭이 없지. 그렇지만 나는 가야 해. 그 무서운 지옥의 괴로움을 마다해서는 안 돼. 가야 해.'

지장보살은 벌떡 일어섰습니다. 그 길로 아미타 부처님이 계시는 곳에 가서 하직 인사를 드린 뒤, 아무에게도 알리지 않고 곧장 구름을 타고 지옥으로 내려갔어요.

아름답고 고귀한 모습의 지장보살도 극락세계를 버린 뒤로는 차차 몰골이 험해지기 시작했습니다. 지옥에 이르자 그 역시 악귀와 다를 바 없는 모습이 되어 모진 괴로움을 받기 시작했습니다. 한 악귀가 그런 지장보살한테 달려와서 말했어요.

"모습이 바뀌어도 나는 다 알고 있소. 왜 극락세계를 버리고 이런 곳에 왔소?"

"네, 그저 오고 싶어서요."

"별 사람 다 보겠군. 세상에, 지옥에 오고 싶어서 왔다는 사람은 처음 보겠네. 당신 어디가 이상한 건 아니오?"

그는 아무 말 없이 극락의 아미타 부처님을 생각했습니다.

그날부터 지장보살은 여러 지옥 무리가 받는 괴로움을 다 받으면서 그들과 함께 신음하고, 울부짖고, 벌벌 떨고, 쓰러지고, 죽음을 당하고, 다시 태어나기도 했습니다. 그러는 가운데 그는 지옥 무리 하나하나에게 부처의 진리를 가르치기도 하고 괴로움을 달래기도 했습니다. 피를 흘리는 이를 만나면 피를 닦아 주고 위로의 말을 해 주었어요.

이러기를 얼마나 했을까요. 몇 겁이 지났어요. 지장보살은 참으로 눈코 뜰 새 없이 수많은 무리를 도와주었어요. 그러다가 지옥 구석에서 한 소녀를 만났습니다. 지옥 우리를 지키는 귀신에게 그 소녀가 지옥에 온 이유를 물으니 "나쁜 일을 너무 많이 해서 이 지옥에 떨어졌소."라는 퉁명스러운 대답이 돌아왔습니다.

소녀의 얼굴에는 한때 아름다웠던 흔적이 아주 조금 남아 있었지만, 워낙 엄청난 괴로움을 받고 산 지가 오래되어 귀신도 가까이 다가가기 무서울 정도로 흉한 모습이었어요. 지장보살은 그 우리 안에 들어갔습니다. 귀신들은 "저런 우리 속에 스스로 들어가는 얼간이도 있네." 하며 비웃어 댔습니다. 그날부터 지장보살은 바닥이 잘잘 끓는 그 지옥 우리에서 소녀와 함께 살기 시작했어요.

"아가씨여, 고운 아가씨여! 비록 이곳에서 괴로움을 받고 있지만 아가씨나 나나 그 근본은 부처의 씨앗입니다. 우리는 모두 부처가 될 수 있습니다. 이런 괴로움을 마다하지 말고 기꺼이 받읍시다. 그런 다음 함께, 아니 아가씨부터 먼저 부처를 이루시기 바랍니다. 부처나 극락은 이런 괴로움 없이는 이룰 수 없습니다. 보십시오, 이런 지옥도 부처가 되기 위한 배움터요 절간입니다. 부디 우리의 근본을 잊지 말고 모든 괴로움과 뜨거움을 이겨 내면서 살아갑시다."

이 말을 듣던 아가씨는 눈물을 흘리면서 지장보살에게 쓰러져 안겼습니다. 지장보살은 보살의 마음으로 그 소녀를 비추어 보았어요. 소녀는 언젠가 옛 세상에서 지장보살의 이웃에 살며 서로 좋아하던 이였습니다. 지장보살이 소녀에게 말했어요.

"시돌리키 마을을 아시나요?"

"몰라요."

"잘 생각해 보세요."

"……."

"눈을 감고 이 바닥의 뜨거움을 잊고 고요히 생각에 잠겨 보세요. 그러면 알 수 있어요."

그렇게 한 지 얼마 안 되어 소녀의 얼굴에 웃음이 피어났습니다.

"시돌리키 마을! 아아, 산야 님! 사냥 나가셔서 다시는 안 돌아오신 산야 님!"

그들은 서로 부둥켜안았습니다. 이렇게 마음을 고요히 열어 세상을 바라보면 어느 세상이나 다 볼 수 있는 거예요. 지장보살은 며칠 더 그 소녀를 달래어 고통에서 건져 놓은 다음, 다시 다른 여러 지옥 방으로 옮겨 갔습니다. 지옥의 이쪽 끝에서 저쪽 끝까지 그가 사랑을 베풀어야 할 무리들이 끝없이 많았기 때문이지요.

지장보살은 아직도 그 지옥에 있으면서, 모든 이가 지옥을 떠날 때를 기다리고 있습니다. 지옥이 텅 빌 날이 언제인지는 알 수 없습니다. 그런 날은 아마 없을 거예요. 그렇지만 지장보살은 지옥의 가장 혹독한 괴로움을 받으면서도 자신의 일을 멈추지 않고 있답니다.

어린 선재의 여행

　부처님 제자 중에 문수보살은 지혜로 이름이 높았어요. 어느 날 그는 부처님 일행을 떠나 다른 고장에 부처님의 가르침을 전하기 위해 강을 건넜습니다. 이윽고 문수보살은 가야라는 도읍에 이르러서 남쪽 나라의 꽃과 나무들을 구경하게 되었습니다. 그곳에 가야 사람들이 하나둘 모이더니 금세 몇천 명을 넘어섰어요.
　문수보살은 언덕 위에서 그들을 내려다보다가 그 무리 속에 섞여 있는 한 소년에게 눈길이 머물렀습니다. 눈에 달빛이 가득한 그 아이는 보통 사람과 달라 보였어요.
　"저기 저 어린아이를……."
　누군가 소년을 문수보살 앞으로 데려왔어요.

"너는 누구지?"

"선재예요."

"선재? 착한 아이로구나."

"문수보살님을 어젯밤 꿈에 뵈었어요. 꼭 그대로세요."

"그래! 내가 너를 위해, 네 마을 사람들을 위해 부처님의 가르침을 전하겠다."

문수보살은 무척 반가워하며 말했습니다. 그 말을 들은 가야 사람들은 소년 선재보다도 더 기뻐했습니다.

그날 밤 숲 속 여기저기 횃불을 밝히고 법회가 펼쳐졌습니다. 가야 사람들은 깊은 밤까지 문수보살의 말에 귀를 기울였습니다. 법회는 장엄하게 끝났고 사람들은 제각각 흩어져 집으로 돌아갔어요.

새벽이 되어 보리수 잎에 내린 이슬을 마신 문수보살은 혼자 남쪽 나라를 향해 길을 떠났습니다. 깜빡 졸다가 깬 소년 선재는 허겁지겁 문수보살을 쫓아갔어요.

얼마만큼 달려갔을 때 아침 해가 산 위로 떠올랐어요. 문수보살의 뒤를 바짝 따라간 소년은 숨을 고르고 노래를 부르기 시작했습니다.

맑고 밝은 지혜의 해
괴로움의 바다는 만들지 않습니다.
끝없는 사랑의 수레
괴로움의 길을 구르지 않습니다.

바라건대 우리를 버리지 마소서.

소년의 맑은 노랫소리에 문수보살은 뒤를 돌아다보지 않을 수 없었어요.
"착한 아이가 여기까지 따라왔구나."
"네, 보살님."
"기특하구나."
"보살님, 저도 보살님처럼 길을 떠나 진리의 길을 찾겠어요. 부디 저를 쫓지 말아 주세요."
문수보살은 길가의 풀 더미 위에 앉아서 쉬기로 했습니다. 선재도 그 곁에 앉았습니다.
"착한 아이야, 내가 너에게 진리를 찾게 해 주겠다. 여기서 남쪽으로 난 저 길로 가면 가락 나라에 이른다. 그 나라 끝에 화합사가 있지. 그 산에 덕운이라는 수행자가 살고 있단다. 그분이 너에게 깨달음의 길을 가르쳐 줄 것이다."
"보살님은요?"
"나는 여기서 서쪽으로 가서 여러 고장 사람들을 만나야 한다. 부처님의 분부로 부처님을 대신해서 설법할 일이 많단다."
길이 몇 갈래로 갈라지는 곳에서 그들은 서로 먼 길을 축복하며 헤어졌습니다. 어느덧 문수보살은 숲 모퉁이로 사라졌어요. 소년 선재는 혼자서 낯선 땅의 멀고 먼 길을 걷기 시작했습니다.

그는 "네가 여러 사람들과 여러 고장을 찾아서 네 스스로 깨달은 사람이 된 다음 다시 만나자. 그때는 너도 어린아이가 아니라 나와 같은 보살일 것이다."라던 문수보살의 말을 가슴에 품었기 때문에, 들짐승을 만나거나 무엇을 만나도 조금도 무서워하지 않았어요.

길은 가도 가도 끝없이 이어져 있었습니다. 선재는 때때로 주저앉아 버리고 싶고 엉엉 울고 싶었습니다. 너무나 지쳐서 한 발짝도 더 못 갈 것 같은 때도 한두 번이 아니었어요. 그러나 그때마다 진리를 찾아 떠난 첫걸음인데 벌써 마음이 약해지면 안 된다고 자신을 채찍질했습니다. 이렇게 해서 몇 백 리 길을 갔습니다.

멀고 먼 가락 나라가 가까워졌어요. 길에서 스친 장사꾼들에게 물었더니, 그들이 가르쳐 주는 쪽에 하얀색 지붕들이 보였습니다. 발등이 붓고 발가락이 부르터서 피가 났지만, 선재는 힘을 내어 걸음을 재촉했습니다.

"어려운 일 없이 어떻게 진리를 만날까? 괴로움 없이 어떻게 진리의 기쁨이 있을까? 먼 길을 가지 않고 어떻게 지혜로운 수행자를 만날까?"

그는 이런 말로 자신을 일깨우면서 때때로 휘파람까지 불며 걸었습니다. 가락 나라의 시장과 거리는 온갖 물건과 가축, 그리고 곡식들과 소금을 팔고 사는 장사치들로 시끌시끌했어요. 선재는, 어떤 과일 장수가 "죽은 내 새끼 생각이 나는구나. 이거 먹어라."라고 말하며 던져 주는 큰 망고 열매를 먹고 기운을 차렸습니다.

거기서 높고 험한 화합산 밑까지 갔습니다. 밤이 되었어요. 그는 나무 밑에 마른풀을 모아다 잠자리를 만들고 별빛을 바라보다가 소르르 잠이 들었어요.

잠결에 누군가가 툭툭 건드리는 바람에 선재는 깜짝 놀라 깨어났어요. 그런데 이게 웬일일까요? 아주 커다란 코끼리가 바로 앞에 서 있지 않겠어요? 그 코끼리는 긴 코를 자꾸 내두르며 제 등에 올라타라고 언덕 옆에 등을 대고 있었습니다. 밤중이기는 하지만 별빛이 무척 밝아 달밤이나 진배없었어요. 선재는 언덕으로 올라가 코끼리 등에 올라탔습니다. 겁이 나기도 했지만 그렇게 한 거예요. 그랬더니 코끼리는 뒤뚱거리며 천천히 산을 오르는 거였어요.

그렇게 7일 동안 산중을 헤맨 끝에 그는 가까스로 산꼭대기 밑의 동굴 속에서 혼자 사는 덕운을 만날 수 있었어요. 코끼리는 그를 동굴 아래까지 태워 주고는 어디론지 사라져 버렸어요

"스님, 문수보살께서 찾아뵈라 하시기에 왔습니다."

"오냐. 어린아이가 기특하구나."

"스님!"

"먼 길을 용케도 잘 견디서 여기까지 왔구나. 나야 구름과 바람 속에서 사는 늙은이……, 너한테 가르칠 게 무엇이 있겠느냐."

"아닙니다. 스님, 어린 저를 잠에서 깨어나게 하소서."

"참으로 착하고 장한 아이로구나. 그렇다면 나와 함께 여기서 살아보자꾸나. 배고프지? 저 안에 가서 뭐든지 꺼내 먹어라."

소년은 동굴 구석으로 들어가서 손에 잡히는 대로 뭔가를 먹었어요. 과일즙과 다른 것을 섞어서 만든 음식이었는데 참 맛이 좋았습니다.

그렇게 해서 화합산의 생활이 선재의 오랜 여행을 얼마 동안 쉬게 해 주었고, 그는 지친 몸을 회복할 수 있었어요. 무엇보다도 그는 첫 진리의 사람을 만나서 많은 것을 배웠습니다. 선재는 무척이나 기뻤습니다.

함께 텃밭을 일구기도 하고 나무 열매를 줍기도 하고, 아니면 벌렁 누워서 우르르 쏟아져 내릴 듯한 하늘의 구름을 바라보면서 덕운과 선재는 여러 가지를 이야기했어요.

"이제는 떠나라. 내가 아는 것은 다 말했다. 내가 아는 것은 이것밖에 없다. 여기서 남쪽으로 가면 해문 나라가 있다. 그곳은 말도 풍속도 다르다. 사람의 얼굴도 너와는 다르지. 거기 가서 말을 배워 해문 나라 바닷가의 바닷구름이라는 사람을 만나거라. 그는 나보다 더 훌륭한 가르침을 줄 것이다."

어느 날 덕운 스님은 이렇게 말하고는 산의 뒤쪽 벼랑으로 달려가 버렸어요. 선재는 작별 인사도 제대로 못하고 그냥 그 동굴을 떠났습니다.

사자가 새끼와 어슬렁어슬렁 거닐다가 눈을 부릅뜨고 선재를 쳐다보았어요. 그는 소리치며 달아나려다가 꾹 참고 아주 태연스럽게 걸어갔습니다. 그러자 사자는 뒤로 돌아서서 숲 속으로 자취를 감추어 버렸어요. 선재는 그제야 가슴이 철렁 하면서 무서움이 밀려왔습니다. 그러나 그는 그런 무서움 때문에 주저해서는 안 된다고 생각하고, 열심히 부처의 나라와 부처의 사랑을 생각했어요.

산을 내려와서 그 길로 끝없이 이어진 바닷가 모랫길을 걸었습니다. 빈 소라 껍데기에 휘이익휘이익 하고 바람 소리와 파도 소리가 들어가서, 전혀 다른 노랫소리를 내는 것이 선재의 귀에는 재미있게 들리기도 했어요.

드디어 해문 나라의 철학자 바닷구름을 만나게 되었을 때, 선재의 뱃속에는 모래가 많이 들어 있었습니다. 바닷바람이 세차게 불 때마다 입에 모래가 들어갔기 때문이에요.

"허허, 애야. 네 배 안에 모래가 한 줌이나 들어 있구나. 이 물을 마셔라. 그러면 모래가 다 몸 밖으로 나온단다. 먼 바닷길을 잘도 왔구나."

이리하여 그는 바닷구름의 가르침을 받고, 거기서 600리 밖의 선주 나라에 있는 선주를 찾았습니다. 그는 또 자재 나라의 주약성 거리에 사는 학문이 깊은 미가 의사를 찾아갔습니다.

이렇게 선재는 110개 나라를 지나면서 수행자, 의사, 뱃사공, 술 파는 여자, 소녀, 늙은이, 여승, 부자, 관세음보살, 귀신, 석가모니 부처님의 어머니 마야 부인의 영혼, 같은 또래의 어린아이들, 미륵보살 등 온갖 사람들 쉰두 명을 만났습니다.

선재는 인도의 모든 산과 강을 넘고 건넜습니다. 얼마나 길고 오랜 여행이었는지 모릅니다. 그는 석가모니 부처님만큼이나 많은 길을 다녔습니다.

마침내 북부 인도의 보문 나라에 이르자, 그는 자기가 여행한 길들과 배워서 깨달은 여러 세계를 돌이켜보다가 지난날 길을 떠나 진리를 찾게 했던 문수보살이 그리워졌습니다. 그때 문수보살이 보문 나라 밖에서 들어오는 모습이 보였어요. 선재는 한걸음에 달려가 보살의 품에 안겼습니다.

"네가 정말 110개 나라를 다 찾고 너의 스승을 모두 만날 줄은 몰랐구나. 착하고 착하다. 너는 이제 선재보살이 되었다. 너는 이 우주에서 가장 어린 부처님이다. 선재보살이여."

"문수보살님."

"옳다. 너와 나는 이제 함께 보살이다. 새가 나는 듯이 기쁘고, 밤이 새는 듯이 기쁘구나."

선재는 그 뒤 쉰세 번째로 보현보살을 만났습니다. 털구멍 하나하나에서 이 세계의 먼지 수만큼 많은 빛이 나고 진리의 세상을 다 비추는 보살이었어요.

"나는 길고 긴 진리의 길을 마쳤다. 그러나 이제부터 나는 또 길고 긴 무리의 괴로움을 건지는 보살의 길을 시작한다."

이제 소년 선재는 자신을 위해 지혜를 닦는 게 아니라, 모든 사람들에게 지혜를 일깨우고 그들이 괴로움과 어둠에서 벗어나도록 돕기 위해 이제까지 걸어온 길의 몇 갑절을 더 걸어야 했어요. 그는 신

발을 고쳐 신고 끝없이 펼쳐진 들판의 저녁놀을 바라보며 기쁨의 눈물을 흘렸어요. 어린 부처님 선재의 여행은 다시 시작되었습니다.
"가자, 끝없는 길을 가자."

가난한 여인의 등불

왕사성은 아주 오래 전부터 여러 고장 사람들이 드나드는 번화한 곳이었습니다. 농사도 잘되었지만 장사도 매우 번창했지요. 그 왕사성 밖의 높은 영취산에서 석가모니 부처님이 백성들에게 가르침을 전하고 있을 때였어요.

왕사성은 마가다 나라의 수도였습니다. 그 나라의 왕이 부처님 일행을 모셔다가 맛있는 음식을 잔뜩 대접했습니다. 부처님이 잔치에 왔다가 간 뒤 왕은 기분이 무척 좋았어요.

"저런 분은 처음 뵙는다. 내 일찍이 별별 도인을 다 불러다 모셨으나, 오늘 부처를 뵌 것과는 견줄 수 없구나. 기쁘기 짝이 없다. 부처를 모시는 동안 내 몸이 사랑으로 채워지고 평화가 깃드는 것만 같

왔다."

　국무대신 지바카는 왕이 기뻐하는 모습을 보고 자신도 무척 기뻤어요. 그는 학문이 높고 매우 슬기로운 신하였어요. 왕은 원래 사납고 거칠어서 걸핏하면 백성들을 마구 잡아들이고 값진 것을 빼앗고 다른 나라와 싸움을 벌이지 않는 날이 없었는데, 지바카를 신하로 맞은 뒤로는 마음을 고쳐 놀랍게 달라진 거예요. 지바카가 늘 왕 가까이서 지혜로운 말들을 많이 들려준 덕분이지요.

　"이번에 음식을 드렸으니 다음에는 무엇을 바칠까……. 석가모니 부처님을 뵈니 이렇게 행복하구나."

　지바카는 등불 잔치를 베풀어 올리자고 말했어요. 왕도 밤새도록 어둠을 밝히는 등불 잔치가 마음에 들었습니다. 석가모니 부처님도 늘 빛에 대해 말했으니까요. 깨달음을 얻은 부처는 곧 빛이라고 했어요.

　왕은 금세 기름 백 섬을 마련해서 그 많은 기름을 여러 수레에 나눠 싣고, 부처님 일행이 머무르는 영취산 기슭의 빈터로 갔습니다. 부처님의 제자들과 거기 모인 백성들은 그 광경을 보고 왕의 뜻에 깊이 감동했지요. 그러나 정작 부처님은 담담할 뿐이었습니다.

　왕사성 거리에 사는 한 가난한 젊은 여인이 그 대단한 기름 수레 행렬을 보았어요. 그것이 부처님께 바치는 등불을 밝힐 기름이라는 걸 알고는 '나도 등불 하나라도 부처님께 바칠 수 있다면.' 하는 마음이 간절했습니다. 그렇지만 그 여인에게는 돈이라곤 한 푼도 없었습니다. 당장 먹을 것도 구걸해야 할 판인데, 등불 하나의 기름 값이 있을 리 없었어요.

그래서 돈 한 푼을 받기로 하고 어느 부잣집 바깥마당을 깨끗하게 청소했어요. 품삯을 받자마자 그 여인은 기름집으로 달려갔습니다.

"가난뱅이 주제에 기름 한 홉이 뭣 때문에 필요한 거요?"

기름집 주인은 퉁명스럽게 물었습니다.

"기름 한 홉 대신 밥 한 그릇 사 먹는 게 낫지 않겠소?"

"아닙니다. 부처님께 등불 하나를 바치고 싶어서 그럽니다."

"부처님께 등불을?"

"네."

"아아, 그렇다면 내가 두 홉 더 드리리다. 세 홉이오. 거저 가져가시오."

"부처님을 한 번 뵙는 게 큰 복이라는데, 저는 주인어른 덕분에 세 홉이나 되는 등불 기름을 얻게 되었습니다."

가난한 여인은 영취산으로 가서 부처님 일행이 머무는 곳의 한 나뭇가지에 등을 달았습니다. 이윽고 어둠이 깔렸습니다. 그 여인의 등불은 왕의 분부로 매달린 수백 개의 커다란 등불들 사이에서 가물거렸습니다.

영취산 일대는 밤이 깊어 가도 불빛이 휘황찬란하였습니다. 어디서도 볼 수 없었던 잔칫날 밤이었습니다. 사람들은 잠을 자지 않고 부처님 말씀에 귀를 기울였지요. 부처님은 빛이 온 세상을 밝힌다는

진리를 말했습니다. 가난한 여인도 부처님께 절하고, 가르침을 마음 깊이 새겨듣고 집으로 돌아갔습니다.

"내 기름 세 홉으로는 밤의 반밖에 밝힐 수 없어. 하지만 내 뜻이 깨달음의 세계에 닿는다면 온전히 밤을 밝힐 수 있을 거야. 그래야 해. 꼭 그래야 해."

여인은 이렇게 기도하면서 다리 밑의 거지 움집으로 돌아와서 그 밤 내내 부처님을 생각했습니다.

한편 밤새도록 왕이 밝힌 등불들로 환했던 영취산에도 새벽이 왔어요. 석가모니 부처님은 제자 목련에게 "날이 새었다. 모든 등불을 꺼라." 하고 일렀습니다. 하나둘 커다란 등불들이 모두 꺼졌습니다.

그런데 그런 큰 등 사이에 끼어 있는 작은 등불은 아무리 해도 꺼지지 않았습니다. 제자들은 이상한 일이라고 생각했어요. 센 바람을 일으켜도 꺼지기는커녕 그 바람 때문에 더욱 밝게 타오르는 것이었어요. 그 등불은 하늘나라와 여러 세상을 비추고, 머나먼 새벽 바다까지 비추어 마침내 새벽의 어둠을 완전히 몰아냈습니다.

"그대로 두어라. 이 불빛은 앞으로 올 부처의 빛이며 그 빛의 덕이니라. 이 등불을 바친 여인은 지난날 180억 부처에게도 빛을 바쳐서 예로부터 부처가 되리라는 약속을 받았구나."

석가모니 부처님이 말했습니다.

새벽까지 기도를 드리고 온 여인은, 자기의 등불이 꺼지지 않고 오히려 더 환하고 크게 타오르는 모습을 보고 기쁨의 눈물을 흘리며 부처님께 온몸으로 절하고 물러났습니다.

이 말을 전해 들은 왕은 몹시 언짢았어요. 그렇게 많은 기름을 실어다가 등불 잔치를 베풀어 드렸는데, 부처님이 자신에게는 아무런 칭찬이나 좋은 말씀을 해 주지 않고, 한낱 가난한 거지 여인에게 그런 더없는 예언을 해 주었다니 여간 섭섭하지 않았어요. 국무대신 지바카가 그런 왕에게 곧이곧대로 이야기했지요.

"마마께서 하신 일은 풍성하기는 하나 마음이 그것을 따르지 못한 것이옵니다. 거지 여인의 저 등불은 미미하나 부처님께 바친 마음은 마마보다 훨씬 큽니다."

"……?"

"또 마마께서는 백성들이 바친 것으로 등불을 밝혔으니 스스로 바친 정성이라고는 할 수 없습니다. 그러니 이를 헤아려 가난한 여인의 등불을 마음속으로 축복해 주십시오."

"알았다. 혼자 있고 싶구나."

왕은 며칠 동안 떠들썩하게 부처님 일행을 모시고 또 등불 잔치를 베푼 일이, 어쩌면 '내가 왕이다, 나는 왕이므로 이렇게 굉장하게 하는 것이다.'라고 자랑하고 싶은 마음에서였는지도 모른다는 생각이 들었습니다. 그는 방문을 걸어 잠그고 깊은 뉘우침 속에서 며칠을 보냈습니다.

"바라옵건대 내 뜻이 가난한 여인의 등불 하나에 미치게 하옵소서. 석가모니 부처님이시여, 그리고 180억 옛 부처님들이시여."

그렇게 며칠을 보낸 뒤, 왕은 이번에는 꽃 잔치를 바쳤어요. 그러나 그것도 백성들이 애써 가꾼 꽃을 모아서 바쳤으므로 왕의 뜻은 작았어요. 왕은 또 왕후의 보석과 왕자가 가진 여러 귀중한 물건들을 부처님에게 바쳐서 영취산 밑에 큰 절을 짓게 했습니다.

"왕의 힘으로 밥을 주고 등불을 주고 꽃을 주고 이런 큰 절까지 지어 주었으나, 이것들은 가난한 젊은 여인의 뜻보다 크지 않다. 그대들도 그 뜻이 얼마나 높고 깊고 넓은가를 알리라. 그것이 앞으로 올 부처의 덕이니라."

부처님이 말했습니다.

다리 밑 움집에 사는 여인은 그 뒤로도 변함없이 가난했습니다. 다만 전에는 이 집 저 집을 돌면서 밥을 얻고 다녔지만, 이제 그런 거지 노릇을 그만두었습니다. 허드렛일을 해 주고 품삯을 받아, 밥을 먹고 옷을 지어 입게 되었어요. 그리고 돈이 몇 푼이라도 남으면 가난한 마을 아이들에게 신발도 한 켤레씩 사 주었습니다.

"이 세상에 빈손으로 와서 빈손으로 사는, 욕심을 벗어난 모습을 여러 무리들에게 보여 주기 위해 그 여인은 거지가 된 것이다. 어찌 왕이 그 여인을 따를 수 있으랴."

석가모니 부처님이 말했어요.

영취산의 작은 등불도 꺼지지 않았습니다. 가난한 여인이 밝힌 등불 하나가 부유하고 권세 높은 왕이 매달아 놓은 수많은 등불보다 더 오래 어둠을 밝혔어요. 그 등불에는 여인의 정성과 간절한 소원이 담겨 있었습니다. 부처님이 보시기에는 왕이 베푼 성대한 음식과 찬란한 등불과 향기로운 꽃은 그 여인의 작은 등불 하나보다 귀하지 않았습니다. 이 세상의 어둠을 비출 수 있는 것은, 겉으로 보아 화려하고 값비싼 게 아니라 그 여인이 가졌던 진실한 마음이니까요.

바늘집의 딸

　석가모니 부처님이 사위 나라 기원정사에서 머물 때였어요. 그는 많은 사람들에게 이 우주의 여러 세계를 말하고 그 세계의 진리를 말했어요. 날이 저물어 사람들은 집으로 돌아갔습니다.
　부처님은 물이 졸졸 흐르는 개울에 발을 담그고 쉬다가, 문득 흐르는 물에 녹슨 바늘 한 개가 떠내려가는 것을 보았습니다. 그는 물에 젖은 제자들의 발을 손수 닦아 주며 말했어요.
　"내 옛날이야기 하나 해 주랴?"
　"네."
　"네."
　"네, 부처님."

제자들은 남루한 옷이나마 깨끗이 빨아 입고 있어서 마음이 여간 상쾌하지 않았어요. 더구나 스승으로부터 오랫동안 좋은 말을 들었으므로 마음이 풍성했던 거예요. 그런데 다시 옛날이야기를 해 주신다니 더없이 즐거웠지요.

석가모니 부처님은 경건하게 이 세상의 진리를 말할 때와는 달리 그런 옛날이야기를 할 때는 어린아이처럼 천진스러웠어요. 대개 설법을 한 뒤에는 입을 다물고 고요히 앉아 있었지만, 어떤 때는 이렇게 장난스러운 미소를 지으며 옛날이야기라는 걸 하기도 했지요.

부처님이 "옛날에 말이야." 하고 들려준 이야기는 다음과 같습니다.

갠지스 강 기슭의 장사 마을 바라나시에는 낙타 파는 집, 밥집, 말 먹이를 파는 집, 대장간 같은 가게들이 많이 있었어요. 물건이 산더미처럼 들어찬 창고를 몇 채씩 가지고 있는 부자도 있었지요. 다른 마을과는 달리 낯선 고장에서도 장사꾼들이 몰려오는 판이라 2층짜리 집도 많았습니다. 그 가운데는 바늘 만드는 집도 있었지요. 대대로 바늘만 만들어 파는 그 집에는 바늘장이인 늙은 아버지와 어여쁜 딸이 살고 있었어요.

아내가 일찍 세상을 떠났어도 바늘장이는 새 아내를 얻지 않고 어린 딸과 함께 바늘 만드는 일로 세월을 보냈어요. 바늘집의 딸은 그 마을에서 가장 얼굴이 예뻐, 신분이 높고 낮은 것을 따지지 않고 여러 젊은이들이 아내로 맞고 싶어 했어요. 그런 젊은이들 가운데서도 마을에서 으뜸가는 부잣집 아들이 그 여자를 가장 깊이 생각했답니다.

그는 소문만 듣고도 바늘집 딸에게 장가들겠다고 결심할 만큼 마음이 끌려 있었어요. 그러던 어느 날 아침, 2층 창문을 열고 밖을 내다보는 그 여자를 처음 본 부잣집 도련님은 더욱 마음이 끌렸어요.

'아, 저 아리따운 여인이 바라나시의 최고 미인이구나.'

그는 그 여자를 단 한 번 본 것만으로도 결코 잊을 수 없었어요. 잠도 제대로 자지 못했지요. 나중에는 뜬눈으로 밤을 새우는 것이 버릇처럼 되었습니다. 그는 참을 수 없어서 아버지와 어머니에게 바늘집 딸 이야기를 하고 말았어요.

"안 된다. 우리 집과 그 집은 신분이 다르다. 그런 천한 집 딸을 네 아내로 맞을 수는 없다 우리 가문을 더럽히는 일을 해시는 안 된다. 네 아내는 부자나 바라문(인도에서 가장 높은 계급) 집안의 딸이어야 한다. 단념해라."

"단념할 수 없습니다, 아버님."

"안 된다. 이미 나는 네 신붓감을 신분 높은 집 딸들 중에서 고르고 있어."

"저는 그런 집 딸을 바라지 않습니다. 결혼은 가문이나 지위, 돈 따위와 하는 것이 아니라 오직 사람과 하는 것입니다. 바늘집 딸과 같은 여자는 어디에도 없습니다. 그 여자는 어질고 아름답고 효성도 지극합니다."

"아무리 네가 그렇게 말해도 천한 집 딸은 천한 법이야. 단념해라."

"싫습니다. 만약 아버님께서 허락하시지 않는다면, 제 목숨을 끊어 버리고 말 것입니다."

"뭐라고? 네가 누군데, 너는 내 외동아들인데 죽다니!"

그렇게 되자 아버지 어머니는 아들의 결심을 물리칠 수 없었어요. 이튿날 아버지는 하인을 시켜 바늘장이를 불러 왔습니다. 도련님의 아버지는 자신의 아들과 바늘집 딸을 결혼시키겠다고 하면 그가 매우 좋아하리라고 생각하며, 몹시 거만하게 "댁의 딸을 주시오." 하고 명령하듯 말했어요.

그러나 뜻밖에도 바늘장이는 고개를 저었습니다.

"싫습니다. 제 딸은 우리에게 맞는 신분의 사람한테 시집보낼 생각입니다. 나리의 아드님은 지체가 높고 잘생겼지만, 그렇다고 해서 제 딸과 맞는다고는 볼 수 없습니다. 무엇보다도 제 딸의 남편 될 사람은 저처럼 바늘을 잘 만드는 직공이라야 합니다."

"아니? 내 아들을 사위로 맞을 생각이 없단 말이오?"

"없습니다. 귀한 집 아드님은 귀한 집 따님을 골라 장가를 들이십시오. 저는 이만 가겠습니다."

바늘집 주인은 딱 잘라 말했어요. 그는 신분이 높은 사람 앞이라고 해서 쩔쩔 매는 사람이 아니었어요.

"이것 봐라."

도련님의 아버지는 난처해졌어요. 그러나 바늘장이의 말을 그대로 아들에게 전할 수밖에 없었습니다. 그 말을 들은 도련님은 깊이 생각한 끝에 이렇게 말했어요.

"아버님 고맙습니다. 그 일은 저에게 맡겨 주십시오."

부잣집 도련님은 다음 날 집을 떠나 이웃 마을에 있는 다른 바늘집에 가서 바늘 만드는 일을 배우기 시작했습니다.

손가락 마디에는 많은 멍이 맺혔어요. 그렇지만 그런 어려움을 이기고 열심히 배우고 연습하여 짧은 시간 안에 아주 훌륭한 기술자가 될 수 있었습니다.

"자네는 바늘 기술을 타고났어. 이렇게 빨리, 이렇게 훌륭한 솜씨를 갖게 되다니 드문 일이야……. 우리 집에서 내 뒤를 이어 주게."

"저는 내일부터 다른 할 일이 있습니다, 스승님."

"무슨 일?"

"다음에 말씀드리겠습니다."

신분도 무엇도 다 숨기고 바늘 만들기를 배워 온 도련님은, 오직 고향의 그 아가씨만을 생각하고 있었던 거예요.

이튿날 그는 고향 바라나시로 돌아갔습니다. 많은 바늘을 가지고 아가씨네 바늘집 앞에 가서 큰 소리로 외쳤습니다.

"바늘 사려! 바늘 사려! 이 세상에서 으뜸가는 바늘 사려!"

더러 바늘을 사는 사람도 있었습니다.

도련님이 외치는 "바늘 사려!" 소리를 들은 바늘집 아가씨는 밖으로 나와 "누구신지 모르지만 어리석은 분이군요. 우리 집이 이 마을에서 바늘로 이름난 집인 줄 모르세요?" 하고 빈정거렸습니다.

그 여자는 이 젊은 바늘 장수가 한 마을 부잣집의 도련님인 줄 몰랐습니다. 그도 그럴 것이, 그는 얼굴에 숯검정을 칠하고 다 해진 옷을 입고 있었으니까요.

"아니오. 나는 어리석지 않아요."

"아니, 부잣집 도련님?"

그 여자는 자세히 보더니 깜짝 놀랐어요.

"웬일로 이렇게 되셨어요?"

"내 바늘 솜씨를 알면 당신의 아버님께서 나를 사위로 맞아들이실 거요. 그래서 이렇게 바늘 만드는 법을 배웠습니다."

그 여자는 가슴이 두근거렸습니다. 도련님의 지극한 사랑에 몹시 감동했어요. 그 여자는 집 안으로 뛰어 들어가서 아버지를 모시고 나왔습니다.

"어디 자네 바늘 좀 보여 주게."

"네, 이 스무 개를 보십시오."

바늘집 주인은 스무 개의 바늘을 하나하나 유심히 살펴보았습니다.

"꽤 쓸 만하구면."

"이 열 개를 또 보십시오."

"훌륭한 솜씨로고!"

"그렇다면 이 한 개의 바늘도 마저 보아 주십시오."

그는 오랫동안 한 개의 바늘을 이리저리 햇빛에 비추어 보았습니다. 그러다가 그것을 흐르는 물에 던졌더니 둥둥 떠내려갔습니다.

"아주 훌륭하구나. 물에 가라앉으면 그건 훌륭한 바늘이 아니지."

"고맙습니다……. 이제 따님과 결혼할 수 있겠습니까?"

도련님이 말했어요.

"아니? 자넨 누구지?"

"실은 부잣집 아들입니다. 따님을 아내로 맞으려면 바늘을 잘 만들어야 한다기에 그 기술을 배웠습니다."

자세한 이야기를 들은 바늘집 주인은 두 손으로 덥석 도련님 손을 잡았습니다.

"내 훌륭한 사위!"

바늘집 딸과 부잣집 도련님은 마을 사람들의 축복을 받으며 결혼해서 오래도록 잘살았어요.

석가모니 부처님은 여기까지 이야기를 하고 나서, 제자들의 천진스러운 눈빛을 쳐다보고는 "그 부잣집 아들은 오늘의 나요, 바늘집 딸은 이 세상에서 나의 아내였던 야수다라다."라고 덧붙였어요.

그러니까 이 이야기는 부처님이 이 세상에 오기 전에 있었던 일입니다. 부처님은 지난 세상의 일들까지도 훤히 비춰 볼 수 있는 분이니까요.

"지난 세상에서 그렇게 만났던 인연으로 나와 야수다라는 이 세상에서도 부부로 맺어진 거야. 사람들은 이렇게 지난 세상에서의 인연을 벗어나지 못하고 이 세상에서 또 다른 인연을 만들어 간다. 그리하여 다음에 올 세상에서는 또 이 세상 인연에 매이게 되지. 인연을 맺는다는 것은 이처럼 무서운 일이니 좋은 인연을 만들기 위해 애써야 한다."

부처님은 또 이렇게 말했어요.

"그러나 내가 깨달음을 얻은 뒤로는 모든 인연에서 풀려났다. 그대들도 세상 인연을 넘어서 나와 같은 부처를 이루어라."

"부처님이시여."

"스승이시여."

제자들은 더 열심히 공부하여 깨달음을 얻겠다고 맹세하며 부처님에게 절했습니다. 어느새 밤이 깊어져 가고 하늘에는 별빛이 밝았습니다.

향기로운 꽃과 맛있는 열매

히야쿠사 스님은 사람들과 인연을 끊고 열심히 공부만 하는 것으로 유명했습니다. 몇 해 동안 일부러 말 한마디 하지 않는 침묵 공부로도 널리 알려져 있었어요. 아내와 아들이 자꾸 찾아오기 때문에 공부가 안 된다고 이곳저곳 숨어 다닌 일도 있었지요. 그렇게 해도 아내가 스님이 있는 곳을 알아내어 찾아오자 몹시 화를 내며 날뛰다가 다른 수행자가 타일러서 겨우 참은 일도 있었어요.

"제기랄, 깨달으면 뭘 해, 그놈의 부처가 되면 뭘 해."

가끔은 이렇게 다잡았던 마음이 슬슬 풀리기도 했지요. 어느 때는 하루 종일 잠만 자기도 했어요. 또 어느 때는 눈을 말똥말똥 뜨고 한 군데만 바라보았습니다. 그러다가 다른 수행자들의 충고로 다시 마음을 잡고 지난날처럼 열심히 공부했어요. 사람이란 뭔가 열심히 하다가도 이런 때가 가끔 있는 거예요.

스님은 커다란 연못이 있고 경치 좋은 데로 새로 공부하는 곳을 옮긴 뒤부터, 연꽃 향기에 사로잡히기 시작했습니다. 처음에는 한두 번 연못가에 나가 거닐면서 "참으로 향기롭구나. 부처를 이루면 나도 이와 같은 향기를 내뿜으리라." 하고 중얼거리더니, 나중에는 날마다 지나칠 정도로 연꽃 향기에 빠져 연못가를 떠날 줄 몰랐어요.

함께 수행하던 친구들이 뭐라고 타일러도 듣지 않았습니다. 이미 연꽃 향기에 자신도 모르게 정신을 빼앗겨 버린 거예요. 주위 사람들이 타이르는 것으로는 안 된다는 것을 알자, 연못의 신이 스님 앞에 나타났습니다.

"너는 나쁜 사람이다. 왜 고요히 앉아 공부하지 않고 연못에만 미쳐서 내 연꽃 향기를 훔치는 거냐? 정말 건방진 놈이구나."

스님은 연못의 신에게 혼이 나고 정신을 차렸으나, 이미 연꽃 향기에 깊이 사로잡혀 있었습니다. 그 때문에 다른 것에도 사로잡히는 일이 생기기 시작해서, 이제까지 힘들여 공부한 것이 허사가 되기에 이르렀습니다. 십년공부 나무아미타불이 된 셈이지요. 부처님은 그 무엇에 사로잡히거나 헛된 욕심을 내는 것은 어리석은 일이라고 말했으니까요. 스님이 그동안 열심히 공부한 것도 그런 어리석음에서 벗어나기 위해서였어요.

그런데 그 연못에 새로 나타난 사나이가 있었습니다.

"야, 이놈의 연꽃 좋다. 연꽃 향기 한번 그럴듯하다."

사나이는 코를 벌름거리다가 그것으로는 모자랐던지, 그만 연못에 뛰어들어 손에 잡히는 대로 연꽃을 사정없이 꺾어 가지고 달아났습니다. 무지막지한 짓이었어요. 그런데도 연못의 신이 정작 그 연꽃 도둑은 그대로 두는 것이었어요. 스님은 슬며시 화도 나고 이상하기도 했어요. 그래서 그는 신에게 달려가 큰 소리로 항의했어요.

"연못의 신이여, 왜 저는 혼내면서 연꽃 도둑은 그대로 내버려 두십니까? 왜 저는 연꽃 향기를 맡는 것도 나쁘다 하시고, 저 도둑은 연꽃을 꺾어 가도 용서하시는 겁니까?"

연못의 신은 지그시 눈을 감고 잠시 입을 다물고 있었습니다. 그러다가는 눈을 뜨고 스님을 바라보았습니다.

"세상의 나쁜 사람들은 이미 죄 덩어리에 파묻혀 있다. 연꽃 도둑도 죄 덩어리에 파묻혀서, 뭐가 착한 건지 뭐기 악한 건지 짐승인 양 알지 못한다. 그래서 아무 말도 하지 않고 내버려 둔 것이다. 그 도둑이 내 말을 알아들을 수 있을 때까지는 세월이 더 흘러야 한다. 그러나 그대는 다르다. 그대는 높은 수행을 쌓아서 몇 마디만 하면 내 말을 알아듣는다. 나는 그대의 공부가 잘되기를 바라는 마음에서 그대를 탓한 것이다. 그대는 하얀 곳에 검은 점이 하나 찍혔으므로, 그 검은 점을 없애기 위해서 혼을 낸 것이다. 그러나 연꽃 도둑은 이미 온몸이 검은색이므로 거기에 검은 점이 아무리 더 찍혀도 그런 줄을 모른다. 이와 같으니라."

스님은 연못의 신으로부터 가르침을 받고 그곳을 떠났습니다. 그 뒤로는 어디에도 마음을 빼앗기지 않고 흔들림 없이 공부하여 많은 이들의 존경을 받는 스승이 되었어요.

그런데 자리문 나라에서도 이와 비슷한 일이 있었어요. 그 나라의 궁궐에는 열매 맺는 나무들이 참 많았어요. 왕이 몹시도 사랑하는 태자가 늘 맛있는 열매를 찾았기 때문이지요.

어느 날 궁중의 과수원 하인이 처음 보는 진귀한 열매 하나를 주워서 태자에게 갖다 주었어요. 그 뒤로 태자는 그 열매만 찾을 뿐, 이제까지 먹던 다른 나무의 열매는 거들떠보지도 않았습니다.

왕은 무척 걱정이 되어 과수원 하인에게 태자가 찾는 그 열매를 꼭 구해다 주라고 엄하게 명령했습니다. 하인은 명령을 어기면 죽음을 당할 것을 아는지라 큰 근심에 빠졌어요. 그렇다고 어느 나무 밑에서 우연히 주운 열매가 또 나타날 리가 없었지요.

하인은 궁리 끝에 바로 그 열매가 떨어져 있던 나무 밑에 가서 하루 내내 지키고 있었습니다. 저녁때 그는 그 나무에 집을 짓고 사는 어미 새가 새끼들에게 먹이려고 먼 곳까지 날아가서 딴 열매를 둥지로 가져오는 것을 보았어요.

'옳지, 됐다. 이제 살았구나.'

늙은 하인은 나무에 올라가서 어미 새에게서 열매를 빼앗아다가 태자에게 바쳤습니다. 그 열매의 맛에 빠져 있던 태자는 물론이고 왕도 무척 기뻐했어요. 하인은 왕에게 푸짐한 상까지 받았지요.

하지만 새끼들에게 줄 먹이를 빼앗기는 어미 새는 여간 슬퍼하지 않았어요.

"어느 놈이 우리 새끼들 먹이를 자꾸만 훔쳐 간담?"

어미 새는 히말라야 산맥까지 날아가서 따온 열매로 새끼를 키우는 거였어요. 새끼 새들도 태자처럼 그 열매 말고는 아무것도 먹으려 들지 않았어요. 며칠 동안 굶주린 새끼 새들은 배고파 죽을 지경이 되었습니다.

"어디 두고 보자. 이건 틀림없이 궁중 사람의 짓이다."

어미 새는 늙은 하인이 어슬렁어슬렁 나무 위로 올라와서는 제 새끼들이 있는 둥지에 손을 집어넣어 열매를 뒤지는 모습을 똑똑히 보았어요.

"내 새끼의 먹이를 도둑질해 가는 놈을 가만두지 않을 테다."

어미 새의 슬픔은 노여움으로 변했습니다. 왕이나 태자 그리고 궁중 사람들을 미워하기 시작했어요. 어미 새는 이제까지 열매를 따러 가던 길로 가지 않고 다른 숲으로 갔어요. 거기서 독이 들어 있는 열매를 땄습니다. 먹으면 죽는 독 열매지만 향기는 그전의 열매와 똑같았지요. 어미 새는 그것을 둥지에 갖다 놓았습니다. 그랬더니 아니나 다를까 궁중 하인이 그 열매를 훔쳐 가는 게 아니겠어요? 열매를 받고 태자는 여느 때처럼 기뻐했습니다.

"고맙고 고맙구려. 이런 구하기 어려운 향기로운 열매를 늘 갖다 주니 나는 행복하오. 보시오, 내 몸에서 향기가 나고 있지 않소?"

태자 곁에 있던 왕도 무척 기뻐했어요.

"내가 죽으면 왕위를 이어받을 태자에게 이렇듯 충성을 바치는 것은 곧 나에게 충성을 다하는 것이니라. 네 자손들에게 높은 벼슬을 줄 것이니 그리 알라. 또 논과 밭, 넓은 과수원도 주겠다."

궁중 하인은 왕과 태자의 말에 지극한 충성을 맹세했습니다. 그런데 이게 웬일입니까? 태자는 그 열매를 삼키자마자 얼굴빛이 검어지며 앞으로 쓰러져 버렸습니다. 그는 가슴을 쥐어뜯으며 몹시 괴로워했습니다.

"왜 그러느냐?"

왕은 몹시 당황했습니다. 궁중 하인도 태자에게 뛰어갔습니다.

"태자가 왜 이러는 건가?"

"모르겠사옵니다. 마마."

왕은 하인이 태자를 죽여서 나라를 어지럽히려는 음모를 꾸민 것이라 여기고, 바로 옥에 가두어 버렸습니다.

태자는 얼마 안 가서 그대로 숨을 거두고 말았어요. 왕은 하늘이 무너지는 듯 슬펐습니다. 태자의 장례식을 치르고 하인을 죽이라고 명령한 왕은 시름시름 앓다가 역시 세상을 떠났습니다. 그 뒤 지혜가 많고 자비심이 깊은 이가 왕이 되어 더 좋은 정치를 펼쳤습니다.

이 두 이야기는 사람이 지나치게 어떤 한 가지 일에 사로잡히거나 그것만이 제일이라고 잘못 생각하면 생명까지도 위험해진다는 걸 일깨우는 거예요. 연꽃 향기나 맛 좋은 열매에 마음을 빼앗기는 건 히야쿠사 스님이나 태자만이 아닙니다. 우리들 모두 그렇게 되기가 쉽지요. 우리는 지금 당장 보기 좋고 듣기 좋고 냄새 맡기 좋은 것만 쫓아다니길 잘하니까요.

그렇지만 한 가지 일에 빠져 자기 욕심에만 끌려다니면 우리의 마음은 자라지 못합니다. 석가모니 부처님은 그런 작은 욕심을 버리고, 좋거나 나쁘거나 할 것 없이 이 세상을 두루두루 사랑하는 큰 사람이 되는 법을 가르치신 분이에요.

부처님 제자 중에 아난이라는 이가 있었는데 예쁜 여자들에게 자주 한눈을 팔곤 했지요. 부처님은 "여자보다 너 자신을 찾으라."라고 하시며 그를 혼낸 적도 있어요. 향기와 맛, 그것은 어쩌면 우리가 훌륭한 사람으로 자라는 데는 독이 되는 것인지도 모릅니다.

사랑의 왕

자쿠지오 나라의 왕 자쿠지오 1세는 진심으로 백성을 사랑하는 자비로운 왕이었습니다. 여러 다른 나라 왕들괴는 진히 달랐시요. 다른 왕들은 백성을 하인이나 가축처럼 여겨 재물을 빼앗고 죽이고 실컷 부려 먹기만 하는 게 보통이었어요. 그런데 자쿠지오 1세는 전대 왕들의 잘못을 많이 고쳐서 노예들을 자유롭게 풀어 주고 가난한 농부들에게 땅을 나눠 주기도 했습니다.

지난날에는 왕의 행렬이 지나가면 백성들이 머리를 땅에 조아리고 엎드려 있었지만, 자쿠지오 왕이 지나갈 때는 많은 이들이 몰려들어 거리를 온통 메우며 "우리 왕 만세!", "자쿠지오 왕 만세!" 하고 소리 높이 외쳐 댔어요. 그래서 다른 나라에서 온 사절단은 "어찌

이 나라 왕은 이렇듯 위엄이 없는가? 왜 왕이 지나갈 때 엎드리지 않는가?" 하고 자쿠지오 나라를 비웃었어요.

한번은 새해를 맞아 외국 사절단이 자쿠지오 1세에게 인사를 드리러 왔을 때, 이웃 나라의 한 대사가 말했습니다.

"전하, 새해에는 귀국에 만복이 보름달처럼 가득 차기를 빕니다."

"고맙소. 귀국과 귀국의 국왕, 그리고 귀국의 백성들도 만복을 누리기 바라오."

왕은 '귀국의 백성'이라는 말을 빠뜨리지 않았어요. 백성들에 대한 사랑과 염려가 왕의 마음에서 떠날 때가 없었던 거예요. 그 말에 이웃 나라 대사가 물었습니다.

"전하, 말씀드리기 황송하오나 어찌하여 전하의 백성들은 전하께서 다니시는 길을 가로막고 소란을 피우는지요? 국왕의 권위를 찾아야 하지 않겠습니까?"

"허허허, 걱정해 주니 고맙소."

자쿠지오 1세는 유쾌하게 웃었습니다.

"그렇지만 대사가 잘못 알고 있는 것이오. 우리나라에서는 백성이 으뜸이오. 국왕이 아니라 백성이 곧 우리나라인 것이오. 나는 그들이 잘살 수 있게 도와주는 괭이나 삽 그리고 수레바퀴와 같은 연장일 뿐이오. 나는 내 백성을 존경하고 사랑하오. 우리는 왕과 백성을 나누지 않고 서로 차별 없이 살고 있소. 귀국은 어떠하오?"

"저희 임금님은 엄격하십니다. 그 권위가 하늘에 있습니다. 천한 백성 따위를 함부로 마주 대하지 않습니다. 그것이 임금 된 도리입니다."

"그렇게 하는 것도 좋을지 모르나 우리나라는 다르오. 귀국도 언젠가는 달라질 것이오. 새해 인사 고맙소."

이런 자쿠지오 1세인지라 왕후나 왕자들을 사랑하듯 백성을 사랑하고, 전왕들을 높이듯 백성을 높였습니다.

자쿠지오 나라의 이웃에는 삼나 나라가 있었습니다. 그 나라에서 제일가는 부자가 몹쓸 병에 걸렸는데, 의사들을 찾아다니고 온갖 약을 다 써 보았지만 낫지 않고 결국 거지꼴이 되고 말았어요. 자기 나라 안에 병을 고칠 의사가 없음을 알게 된 그는, 떠돌이가 되어 자쿠지오 나라에 왔습니다.

어느 날 왕이 가족들을 데리고 어느 마을로 시찰하러 갔다가 돌아오는 길에, 성문 밑에 쓰러진 병자를 보고 깜짝 놀랐습니다. 사쿠시오 나라에서는 백성이 병이 들면 나라에서 치료해 주기 때문에 거리에 병자가 나타났다는 것은 정말 큰일이었습니다.

"이게 무슨 일이오? 내가 나라를 잘못 다스려서 저런 병자가 생긴 게 아니오? 왜 저런 사람을 병원에 보내지 않고 내버려 두는 거요? 당장 병자의 사정을 알아보도록 하시오. 아니, 내가 직접 알아보겠소."

왕은 수레에서 내렸어요. 병자에게 그간의 이야기를 다 들은 왕은, 온 나라 안의 이름난 의사들을 모두 불러들였습니다. "아무리 남의 나라 백성이지만 우리나라에 들어온 이상 우리 백성이다."라고 하며, 의사들에게 잘 진찰하여 치료해 주라고 명령을 내렸습니다.

이윽고 병자를 진찰한 의사들은 왕에게 무슨 말을 할 듯 말 듯 주저했어요.

"왜 그러시오?"

의사들은 말하지 않을 수 없었습니다.

"이 병에는 꼭 한 가지 약이 있기는 합니다만, 구할 수가 없습니다."

"도대체 어떤 약이오?"

"평생토록 한 번도 성낸 일이 없는 사람의 피를 뽑아서 그 피로 죽을 끓여 먹이면 나을 수 있는 병입니다. 그런데 이 넓은 세상에서 아무리 찾아낸다고 해도 성낸 사람은 많으나 그렇지 않은 사람은 없지 않겠습니까?"

그 말을 들은 왕은 잠깐 혼자 침실로 들어와서 생각해 보았어요.

"성내지 않은 사람? 나는 어떤가? 나는 성낸 일이 없지 않은가?"

그는 이때까지 한 번도 성낸 일이 없었으므로 자신의 피를 뽑아 주려고 하다가 정말 그런지 확인해 보려고 유모를 불렀어요.

"유모, 어릴 적부터 나를 젖 먹여 기르고 안아 기르신 유모, 내가 자라면서 성낸 일이 있습니까?"

"마마, 그런 일은 없었습니다. 마마께서는 어릴 적에도 지금과 다를 바 없이 성낼 줄 모르셨습니다."

"그렇다면 좋습니다."

왕은 이번에는 어머니에게 갔어요.

"어마마마, 제가 성낸 일을 기억하십니까?"

"무슨 말씀인지요? 전하께서는 내가 낳고 길렀으나, 언제나 다를 바 없이 사랑과 덕이 가득한 왕이십니다."

"그렇다면 좋습니다, 어마마마."

왕은 의사들에게 갔어요. 그리고 다섯 군데에 침을 놓아 피를 뽑으라고 그들에게 명령했습니다.

"내 피는 성낸 피가 아닌 것 같소. 만약 이 병자가 치료되면 그 증거가 될 것이오. 어서 침을 놓으시오. 한 생명을 구할 수 있다면 죽어도 좋소."

자신의 목숨을 걸고 다른 사람을 위해 피를 뽑으라고 말하는 왕 앞에서 의사들은 고개를 들지 못했습니다. 왕의 스승과 가족들이 왕을 말렸으나 소용없었습니다. 의사들은 결국 피를 한 그릇이나 뽑았습니다.

"어서 이 피로 죽을 끓여 병자에게 주도록 하오."

이 소식을 들은 온 나라 백성은 크게 감동하여 울음소리가 그치지 않았습니다.

"전하께서 한 낯선 사람의 병을 고치기 위해서 몸소 피를 뽑으셨다. 천금같은 임금의 목숨도 돌보지 않으시고, 죽어 가는 병자를 살리려고 사랑을 베푸셨다······."

이런 말이 이 입에서 저 입으로 전해져 나라 밖에까지 소문이 퍼졌습니다.

온 나라 백성들이 궁성 밖에 몰려와서 엉엉 울어 댔습니다.

"임금님께서 이런 일로 세상을 떠나면 우리 백성은 망망한 바다에 떠내려가는 것과 같습니다."

그러자 왕은 "아니오, 착한 일이나 사랑을 위해서는 목숨을 바칠 줄 알아야 하오. 내 일로 조금도 슬퍼하지 마오." 하고 타일렀습니다.

왕은 그 뒤로 여섯 달 동안 성낸 일이 없는 자신의 몸에서 피를 뽑아 병자에게 죽을 끓여 먹이게 했습니다. 왕의 얼굴은 점점 핼쑥해졌고 온몸이 말라 버렸어요. 그가 생명이 위태로울 지경으로 허약해져 궁성에는 슬픈 빛이 가득했습니다.

그러나 옛 인도의 여러 하늘 신들은 이런 사랑의 왕이 그냥 죽게 내버려 둔다는 건 말도 안 된다며, 의논 끝에 하늘의 이슬로 왕의 털구멍을 적시기 시작했습니다. 왕은 피로써 사랑을 베풀고도 다시 건강을 찾을 수 있었어요. 그리고 예전처럼 백성들을 위해 바삐 일하게 되었지요. 왕의 지극한 사랑을 다시 한 번 깨달은 백성들은 왕을 우러러보았습니다. 그리고 그들도 서로서로 사랑하며 살아갔습니다.

왕의 피로 병을 고친 이웃 나라 병자는 자쿠지오 나라의 백성이 되었습니다. 더구나 왕에게 많은 땅을 받아서 부자가 될 수 있었어요. 이 이야기가 여러 나라로 퍼져 나가자 거짓이 아닌가 의심하며 많은 사람이 그에게 몰려왔습니다.

"당신의 병이 정말로 자쿠지오 왕의 피를 받아먹고 나았소?"

"참말로 그런 사람이 이 세상에 있단 말이오?"

여러 나라 사람들이 그에게 물었습니다. 왕 덕분으로 생명을 구하고 난 뒤 그는 한동안 얼마나 고마웠는지 모릅니다. 죽을 때까지 고통스러웠던 지난날과 왕의 크나큰 은혜를 잊지 않겠다고 결심했어요. 그렇지만 다시 건강해지고 부자가 되고 보니 예전에 나쁜 꾀로 장사해서 돈을 벌던 때의 버릇이 나왔습니다. 그는 다른 이들의 착한 마음을 받아들이지 못하는 사람이었어요.

"하하하, 왕의 피를 여섯 달 동안 받아서 죽을 쑤어 먹은 건 사실이오."

"그래요? 참으로 거룩한 왕이시오."

"그러나 그게 아니란 말이오. 왕은 몸 안에 나쁜 피를 가지고 있었소. 그 피가 그냥 몸 안에 흐르고 있었다면 왕은 죽었을 거요. 그래서 그 피를 뽑아서 나에게 주었던 거요."

"뭐라고?"

"뭐? 나쁜 피라고?"

"그게 정말이오?"

"당신은 왕의 사랑을 받고도 그새 다 잊었소? 거짓말하지 마시오."

이런 말들이 나왔습니다. 그러나 그는 태연하게 웃었습니다.

"내가 오히려 왕을 살려 준 거요. 자신을 살려 준 대가로 왕이 나에게 농토와 집을 준 거라오."

이런 나쁜 거짓말을 늘어놓자마자 땅속에서 갑자기 불길이 솟아나와 그의 집을 태웠어요. 집은 잿더미가 되고 말았습니다. 불길을 가까스로 피할 수 있었던 옛날의 병자는 다시 몹쓸 병에 걸려서 떠돌다가 어느 모래밭에서 죽었습니다.

다른 나라 백성들도 자쿠지오 1세가 정말로 자신의 몸을 아끼지 않고 사랑을 베푸는 왕임을 알게 되었어요. 그들은 각자 자기 나라로 돌아가서 나쁜 왕을 몰아내고 더욱 좋은 나라를 만들었습니다. 자쿠지오 1세의 착한 마음이 다른 나라에도 퍼져 간 거예요.

자쿠지오 1세는 그가 사랑하는 백성과 함께 오래오래 살았습니다. 그리고 그가 죽은 뒤에도 다른 왕들이 나쁜 정치를 펴지 못하게 나라의 법을 정해 놓았어요.

왕이라 해도 늘 농부와 만나고, 낯선 나라에서 온 장사꾼에게 여러 나라의 소식도 듣고, 또 홍수가 있는 해에는 물에 휩쓸려 버린 곳에 가서 백성들의 실정을 직접 알아보기도 했어요. 그래서 어린아이들까지도 "우리 왕은 하나도 무섭지 않아.", "우리 왕은 꼭 우리 할아버지 같아.", "우리 왕이 오면 내가 달려가서 수염을 뽑기도 하지."라고 중얼거리는 것이었어요.

왕이라 해도 언제나 부처님 일행처럼 누더기를 입었습니다. 왕의 수레도 삐거덕삐거덕 소리가 나는 낡은 수레였지요. 이웃 나라 왕이 좋은 수레를 선물하면 일이 많은 농부에게 주어서 많은 짐을 실어 나르게 했어요.

늙은 백성들은 죽음을 맞을 때 "우리 전하께 안부 좀 전해 줘."라고 말하며 숨을 거두었대요.

어머니의 슬픔

사바티 나라에 마음 착하고 아름다운 바시타라는 여인이 살았습니다. 그 여자는 이름난 바라문 집안의 신비와 결혼하여 모든 이들의 축하를 받고 부러움을 샀습니다. 그런데 결혼하고 나서 겨우 며칠 지나자 병든 남편을 간호하기에 바쁘게 되었지요.

어느 날 밤 바라문 선비는 자리에 누운 채 눈물을 흘리면서 아내에게 말했습니다.

"곧 죽을 몸인 줄 알면서도 우리 가문의 대를 이으려고 그대에게 내 병을 숨기고 결혼을 했던 거라오. 내가 나빴소. 그러니 내가 죽거든 다른 남자를 만나 부디 행복하게 살기를 바라오. 이것은 내 진심이오. 그래야 내가 지옥에 가서라도 당신에 대한 가책이 없을 거요.

미안하오."

그러나 이미 그를 남편으로 받아들인 바시타에게는 그런 말이 귀에 들리지 않았습니다.

"살아야 해요. 당신은 꼭 살아야 해요."

"살고 죽는 것은 내 뜻이 아니라오. 부처님 말씀처럼 다 내가 지은 것을 받는 것이오."

"아니에요. 그렇다고 당신이 죽게 그대로 내버려 둘 순 없어요. 요시티누 마을에 살던 병자도 60년 동안 앓다가 눈 덮인 산의 약초를 캐어다 먹고 병이 나아 20년을 더 살고 세상을 떠났대요."

"그분은 나와 다르오. 그분은 좋은 일을 많이 했지만 나는 바라문이라 해서 백성들을 마구 부려 먹고 나쁜 짓을 많이 했다오."

"아니에요. 이렇게 잘못을 뉘우치니까 당신은 착한 사람이에요. 제가 눈 덮인 산에 다녀오겠어요."

바시타는 남편을 위로하고 기운을 북돋으려 애썼습니다.

이튿날 바시타는 집안 아낙네에게 남편 보살피는 일을 꼼꼼하게 일러주고 먼 길을 떠났습니다. 눈 덮인 산에 간다는 것은 뜻이 굳은 수행자나 담이 큰 사냥꾼이나 할 일이지 여느 사람으로서는 죽으러 가는 것이나 다를 바 없습니다. 더구나 젊고 연약한 여인에게는 위험하기 짝이 없는 일입니다. 눈 더미에 묻혀 죽은 사람 이야기만 해도 수없이 많으니까요. 또 사나운 짐승이나 정체를 모르는 설인을 만날 수도 있어요.

그런데도 바시타는 무서움을 무릅쓰고 길을 떠난 거예요. 오직 남편의 병을 낫게 하려는 생각에서였지요. 바시타는 눈 덮인 산에서 어떤 노인을 만나 남편의 병에 효험이 있는 눈 속의 상록 약초를 캘 수 있었어요.

그러나 늘 바라볼 수 있는 산이지만 오르는 데는 몇 달이나 걸리고 말았습니다. 바시타가 약초를 가지고 집에 돌아왔을 때는 안타깝게도 남편의 장례식 날이었습니다.

바시타의 슬픔은 이루 말할 수 없었지요. 친척 여인이 "그분께서 숨을 거두면서 '바시타, 바시타, 좋은 사람 만나.' 라는 헛소리를 여러 번 하고 가셨어."라고 말했습니다. 그 말에 바시타는 더욱 슬펐습니다. 바시타는 강가에 나가 남편의 시체를 불에 태우고 재를 흐르는 강물에 뿌렸습니다.

바시타는 젊고 아름다웠으므로 홀몸이 되자 여러 남자들이 청혼을 해 왔고, 또 사바티 나라의 왕이 셋째 부인으로 데려가겠다고 엄포를 놓기도 했습니다. 그러나 바시타는 그런 유혹이나 엄포에 지지 않았습니다. 남편이 살아 있을 때와 똑같이 시집의 여러 어른을 정성껏 섬기고, 마을 아낙네들과도 화목하게 지냈습니다. 새벽같이 일어나서 닭 우는 소리를 들으며 윗강의 맑은 물을 길어 오고, 밭일도 부지런히 했습니다.

무엇보다 바시타에게는 남편을 꼭 닮은 아들이 있었습니다. 남편이 죽은 뒤에 태어난 아이였지요. 바시타는 아이에게 온 정성을 다

했습니다.

"아가, 훌륭하게 자라서 귀한 가풍을 이어야 한다. 우리 아가야, 우리 아가야."

그런데 그 무렵, 사바티 나라에는 못된 사내들이 득실거렸습니다. 그런 곳에서 자라면 아들이 잘못될까 봐, 바시타는 풍경이 아름답고 인심이 좋은 마을로 이사를 갔습니다. 아이는 그곳의 학덕이 높은 어른들로부터 이 세상의 밝은 진리와 하늘나라의 일을 배웠습니다.

"저 많은 별에도 우리와 같은 목숨 있는 것들이 살고 있대요. 그러나 어떤 별에는 아무것도 없다고 해요, 엄마."

벌써 그런 소리를 하기도 하고, 글자도 곧잘 쓸 줄 알게 되었어요. 재주 많고 영특한 아이였지요.

그런데 마을에 전염병이 돌아 그 아이도 병이 들고 말았습니다. 바시타는 지난날 남편이 병들었을 때처럼 며칠씩 잠도 제대로 자지 않으면서 아이를 보살폈습니다. 사람을 시켜서 눈 덮인 산의 상록 약초를 캐어 오게 하기도 했습니다. 그러나 바시타의 간절한 기도와 정성도 소용없이 아이는 세상을 떠나 버렸습니다.

바시타는 그만 미쳐 버렸습니다. 아이의 시체 옆에서 소리 내어 웃더니 옷을 다 벗어 던진 채 거리로 뛰쳐나갔습니다. 얼마나 아이의 죽음에 충격을 받았으면 그렇게 되었을까요. 바시타는 이 세상 모든 어머니들의 슬픔을 한 몸에 지닌 채 미쳐 버렸던 거예요.

"귀여운 내 아들 어디로 갔니? 히히히······."

바시타는 발가숭이 미친 여인이 되어 거리로 떠돌았습니다. 처음에는 마을 어른들이 말리기도 하고 울을 만들어 가두어 놓기도 했지만, 나중에는 그런 일에 지쳐 버렸습니다. 바시타는 밤낮으로 소리를 질러 대며 웃고 "내 아들 어디 갔니?" 하고 노래를 불렀어요.

석가모니 부처님 일행이 지나가다가 그 미친 여인을 만났습니다. 미친 바시타는 부처님에게 달려와서 "네가 내 아들이로구나. 내 귀여운 아이가 여기 있구나. 히히히." 하며 껴안고 입을 맞추고 얼굴을 비벼 댔어요.

제자인 사리불이 여인을 떼어 말리려 했지만 부처님이 그러지 말라고 손짓을 했습니다.

"엄마, 우리 엄마!"

부처님은 마치 바시타의 아들인 듯이 어리광스러운 소리로 미친 여인을 껴안고 볼을 비볐습니다. 그러자 바시타의 미친 기운이 점점 사라져 갔습니다. 저녁 무렵, 바시타는 눈을 감고 쓰러져 누웠어요.

"아난아, 어서 이 여인에게 옷을 구해다 입혀라."

"네."

아난이 마을로 가서 한 여인의 옷을 빌려다가 입혔습니다. 석가모니 부처님은 바시타의 머리도 감겨서 빗어 주고 얼굴도 닦아 주고 신도 신겼습니다.

마을 사람들이 부처님에게 달려와서 욕설을 퍼부어 댔습니다.

"이제 보니 부처님도 여자를 보면 정신을 못 차리는군요. 그래, 어디 여자가 없어서 미친 여자와 희롱하는 거요? 석가모니 부처님이 미친 바람둥이인 줄 미처 몰랐구려."

부처님은 그런 사내들에게 조용히 말했습니다.

"그대들은 그대 딸의 알몸을 보아도 여자 몸뚱이로 보이는가? 그대들은 그대 어머니의 알몸이 여자 몸뚱이로 보이는가?"

이렇게 조용히 이야기하자 그들은 입을 다물었습니다.

"이 여인은 내 딸과 같고 내 어머니와 같다. 아들을 잃은 슬픔으로 미쳤으니 내가 아들 노릇을 한 것이다. 어찌 나에게 티끌만 한 다른 생각이 있겠느냐? 나는 이 여인뿐 아니라 모든 여인과 대장부와 어린 것들을 두루 이같이 사랑하느니라."

그들은 아무 말 못하고 물러났습니다.

아난이 부처님 앞에 와서 말했습니다.

"그들은 물러갔습니다. 하지만 아흔아홉 명의 승려와 여러 신도들이, 부처님께서 벌거숭이 여자를 부둥켜안는 모습을 보았습니다."

"그렇다."

"그렇다면 그것은 계율을 지키지 못한 것이 아니옵니까?"

"이 세상에서는 계율이 스승이다. 내가 스승이 아니다. 나는 죽어 없어져도 계율이 있어서 스승 노릇을 하리라. 그러나 그런 계율도 끝내는 헛된 것이다. 계율이 무서운 줄 알면 계율이 헛된 것인 줄도 알아야 하느니라. 내 마음도 네 마음도 이토록 편하고 바다의 물결도 다 가라앉았는데, 어찌 너는 마음에 굴레를 만드느냐?"

"스승이시여, 잘못 알았습니다. 깨우쳤나이다."

"가서 자거라. 밤이 깊었다."

부처님이 미친 여인을 끌어안았다고 해서 계율을 어긴 것이라고 욕하는 사람들이 있었던 거예요. 부처님은 부처님 자신보다 귀한 것이 계율이지만, 그 계율조차도 헛된 것이라고 했어요. 엄격하게 계율을 지키는 것도 중요하지만, 더 중요한 것은 다른 이의 슬픔과 고통을 함께하는 것이니까요.

석가모니 부처님은 밤새도록 바시타에게 모닥불을 쬐어 주면서 보살폈습니다. 이튿날 아침 바시타는 미친 기운이 다 사라지고 새로운 사람이 되어 깨어났습니다.

"이제 잠을 깨었군요."

"아아, 부처님이시여."

"그대의 남편, 그대의 아들을 만나러 가고 싶다면, 지금부터 열심히 부처의 법을 듣고 몸과 마음을 곧게 닦으시오."

바시타는 부처님의 제자가 되어 아난을 따라다니며 많은 공부를 하였습니다. 부처님이 바시타를 딸처럼 어머니처럼 여겼던 것처럼, 바시타도 이 세상 무리를 제 아이를 사랑하듯 사랑하게 되었습니다. 아이를 잃은 슬픔에서 크나큰 자비심이 자라난 거예요.

많은 여자 신도들은 "바시타 보살이여! 바시타 보살이여!" 하며 바시타를 따랐습니다. 바시타는 그들에게 기도하는 법, 몸과 마음을 곧게 갖는 법, 부처를 섬기는 법을 가르쳤습니다.

횃불을 든 사람

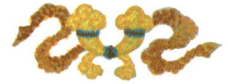

고우세니 성 밖이나 안은 사람들의 왕래가 많아 늘 부산하고 왁자지껄합니다. 이웃 나라와 싸움이 벌어져 싸움터로 나가는 군인들의 행렬이 이어질 때도 있지요. 군대가 지나갈 때는 도리어 조용해져 구령 소리와 착착 맞아떨어지는 발소리만 들립니다. 이윽고 군대의 행렬이 멀리 사라지면 이번에는 "다람쥐 사려.", "망고 열매 사려.", "고푸니 산에서 잡은 표범 가죽 사려.", "진주 사려.", "미역 사려." 따위의 소리와 함께 오고가는 이들이 한마디씩 하는 소리들로 거리가 온통 떠들썩해집니다.

하루에 꼭 한 번씩, 그런 시끌시끌한 거리의 무리를 뚫고 지나가는 횃불 든 사나이가 있었어요. 누구나 그를 제정신이 아니라고 여겼지요. 그 덕에 그는 성안의 사나운 건달들에게 시달리는 일이 없었습니다.

"이 어리석은 것들아, 낮도 밤도 알지 못하고, 암컷과 수컷도 제대로 모르는 것들아, 내 너희들을 위하여 지혜의 등불을 밝히고 지나가노라."

마치 구슬픈 노랫가락 같은 이런 외침이 들리면 다들 "그 햇불 든 미친놈이 나타났군." 하고 길을 비켜 주게 되는 거예요.

그러나 그와 입씨름을 하면 학식이 많다는 이들 중에도 그를 이기는 사람이 없었습니다. 그래서 "아이고, 저 햇불이 또 나타났군." 하고 슬슬 꽁무니를 빼게 되었지요. 토론하고 이야기를 나누는 일로는 그를 당해 내지 못하자, 저놈은 미친놈이라고 소문을 퍼뜨린 것이 바로 그가 '고우세니 성의 햇불 든 미친놈'이 된 이유였어요.

"어리석은 것들뿐이구나. 눈이 있어도 보는 곳을 모르는구나. 그러므로 나는 이와 같이 대낮에도 불을 밝혀 들고 지나가노라."

그 앞에서 한 입심 좋은 젊은이가 "여보시오, 햇불 도인 양반! 그 기름 값만 해도 당신 딸 옷 몇 벌은 살 수 있겠소. 딸은 헐벗으며 자라는데 왜 그런 헛된 짓을 하오? 그 불이 없어도 이 세상의 대낮은 충분히 환하다오." 하고 빈정거리니 다른 패거리도 "와아." 하고 웃어 댔지요.

"눈은 죽고 입만 살았구나. 어리석은 것들아, 이 세상의 대낮에는 나무와 집, 짐승과 성문만 보인다. 그런 것 뒤에 숨어 있는 지혜를 볼 줄 알아야 한다. 그래서 내가 횃불을 들고 지나간다."

"딸을 나한테 주지 않겠소?"

"이 성안의 모든 어린 딸들이 다 내 딸이다. 밝은 눈 가지지 못한 바보, 지혜의 장님에게 어찌 내 딸들을 시집보내겠느냐?"

아무리 비웃고 빈정거려도 얼굴빛 하나 달라지지 않고 눈을 지그시 감은 채, 성안의 큰길을 유유히 지나가는 그의 뒷모습은 이상한 두려움을 자아냈습니다.

"아무래도 저분은 미친 사람이 아니에요."

"저분은 석가모니 부처님 다음쯤 가는 사람이야. 석가모니 부처님 일행도 처음에 나타났을 때는 '거지 떼, 미친 사람들'이라고 욕을 먹었지 않아?"

"그래, 저분도 제자들이 생기면 높은 부처가 될 거야."

"아냐, 저 횃불 도인은 제자가 생겨도 '이 바보야, 미지리야.' 하면서 내쫓고 만대."

우물가의 처녀들은 건달이나 젊은 청년들과는 달리, 이 횃불 도인을 깊이 동정하기도 했어요. 드디어 그 여자들의 생각이 맞다는 증거가 나타났어요.

성안의 어느 가난한 집 아이가 장님으로 태어났어요. 그 아이를 본 횃불 도인은 "쯧쯧, 아직 뜻을 다 이루지 못하고 태어난 지혜로운 아이로구나. 그래도 이 성안의 눈 뜬 바보들과는 다르게 천리 밖까지 볼 줄 아는 녀석은 너뿐이다." 하고 기뻐하면서 주문을 외었어요.

그러자 아이의 눈동자에 빛이 생기고 드디어 세상을 볼 수 있게 되었어요.

그 소문이 퍼지자 여러 마을에서 장님들이 눈을 뜨게 해 달라고 몰려왔어요. 그는 무슨 이상한 술법인지 장님들의 눈을 척척 뜨게 해 줄 수 있었어요.

"어서 가거라. 가다가 찬다스 강물에 눈을 씻어라. 그러면 하늘나라의 밝은 눈이 너에게 박혀서 지혜를 얻으리라."

횃불 도인 덕분에 눈을 뜬 사람들은 밝은 세상의 찬다스 강물에 눈과 얼굴을 씻고 돌아갔습니다. 그래서 고우세니 성 밖 강기슭은 '눈 뜨는 언덕'이라고 불리게 되었지요.

이제는 횃불 도인을 빈정거리는 사람도 없어졌어요. 누구나 그가 횃불을 들고 다니면 고개를 숙여 존경하는 뜻을 보였습니다. 이렇게 되자 그 횃불을 든 사나이는 점점 거만해졌고, 자신이 이 세상에서 가장 높은 사람이라고 으스대며 대낮의 거리를 신명이 나서 지나다녔습니다. 나중에는 장님이 찾아오면, "너 같은 건 장님 그대로가 좋아. 눈을 떠 봤자 그게 그거야." 하며 물리쳐 버리기도 했습니다.

"나는 높기가 히말라야 산맥보다도 더 높다. 석가모니 부처라는 자도 내 앞에서는 아우가 되지." 라고 뽐내기 일쑤였습니다.

때마침 고우세니 성에 부처님 일행이 설법하려고 찾아왔어요. 석가모니 부처님은 마침 횃불을 들고 거만하게 지나가는 횃불 도인을 만났습니다. 횃불 도인은 자신이 마주친 사람이 부처님인 줄도 모르고 길을 비키라고 했습니다.

"네, 길이야 비켜 드려야지요. 그런데 당신은 여기서 무얼 하고 계십니까? 이 대낮에 웬 횃불입니까?"

부처님이 물었어요.

"이 성안 사람은 다 바보라오. 밤과 낮도 잘 알아먹지 못해서 이렇게 횃불을 들고 대낮에 지나가는 거라오. 왜 무슨 궁금한 일이라도 있소?"

"글쎄요."

"당신은 누구시오?"

"네, 지나가는 길손입니다. 도인께서는 참으로 지혜가 많으신 분입니다. 그런데 네 가지 밝은 법을 아십니까?"

"네 가지 밝은 법?"

"네, 세상에는 네 가지 밝은 법이 있습니다. 첫째, 어둠과 어리석음을 밝히는 것은 여러 진리를 조화시키고자 하는 것입니다. 도인께서는 불만 밝혔지 조화를 이루지 못하고, 모든 사람이 고루 평등한 진리를 모르십니다. 그래서 '내가 제일이다. 내가 저 눈 쌓인 산보다 높다.' 라고 하십니다. 저 산이 높지 않으며, 이 성안 사람이 낮지 않습니다. 둘째는 베풀고, 지키고, 견디고, 나아가고, 생각하는 다섯 가지 행하는 바를 위해서 빛이 있어야 합니다. 셋째는 잘 다스리기 위해서 빛이 있어야 합니다. 넷째로 힘과 사랑으로 나라와 나라 바깥을 태평하게 만들기 위해서 어둠과 어리석음을 밝히는 것이 빛입니다. 그런 빛을 가지셨습니까?"

그는 부처님의 말에 아무 대꾸도 하지 못했습니다. 부처님은 다시 나지막하게 말을 이었습니다.

"많은 별도 보름달이 떠오르면 빛을 잃는데……, 하물며 대낮의 햇빛 아래 무슨 빛이 밝을 수 있으리오. 당신은 당신이 들고 다니는 횃불밖에는 안 됩니다. 저 햇빛이 되시기 바랍니다. 햇빛은 만물을 비추되 내가 으뜸이라 하지 않고 내가 제일 높다고 하지 않습니다, 도인이여."

그제야 비로소 그는 부처님 발 앞에 꿇어 엎드렸어요. 그는 자신의 작은 지혜 때문에 도리어 세상의 큰 진리를 보지 못했다는 것을 깨달았습니다. 또 그 작은 지혜로 세상을 환하게 밝히고 평화롭게 하기보다는 소란을 일으키고 자기 자신만을 높이고자 했음을 뉘우쳤습니다.

"제 지혜가 미치지 못하는 곳이 많습니다. 세가 사람의 눈을 뜨게 한 것이 도리어 제 눈을 어둡게 한 일이 되고 말았습니다. 당신을 따르겠습니다. 당신은 누구십니까?"

"나야 그저 집 없이 떠도는 석가올시다."

"아니, 석가모니 부처님?"

"네, 그렇습니다."

"부처님이시여."

"라훌라야, 그동안 이 도인의 횃불을 밝히는 데 기름이 얼마나 들었는지 셈하여라."

부처님은 제자 라훌라에게 말했어요.

"네, 팔주 나라 비단 100필 값의 기름을 허비했습니다."

횃불 도인은 어떻게 해서 그런 셈이 나오는지 놀랐습니다. 부처님은 "우리가 이 도인이 진 빚을 위해 비단 100필 값의 일을 여기서 하자꾸나." 하고 말했습니다. 부처님의 많은 제자들은 성안의 여러 일터로 달려가서 이 일 저 일을 거들어 주었습니다.

게으름을 피우는 사람이 많아서 지저분했던 거리가 부처님 일행의 일솜씨로 깨끗하게 정돈이 되었습니다. 들끓던 파리도 날아가 버리고, 아주 새로운 거리가 되었습니다. 물론 횃불 도인도 땀을 뻘뻘 흘리며 함께 일했지요.

그 뒤로 고우세니 성 사람들은 부처님의 가르침을 깊이 받아들였습니다. 자주 일어나던 싸움도 그치고, 성안의 병사들은 군복을 벗어 버렸으며, 칼과 창을 가진 병사들이 성문을 지키지 않아도 적이나 첩자가 들어오는 일이 없어졌습니다.

부처님은 고우세니 성을 '횃불성'이라고 이름 지어 주고 길을 떠났습니다.

붉은 벌판 위에 지은 성

사바티 나라 밖의 머나먼 곳에는 이 세상에서 가장 값비싼 보물들이 산더미처럼 쌓여 있었어요. 그렇지만 멀어도 어지간히 멀어야지, 누가 함부로 보물찾기에 나설 수 있는 거리가 아니었어요. 더구나 그곳에 가려면 풀 한 포기, 물 한 방울 나지 않는 붉은 벌판을 지나야 하고, 그러고 나면 또 사나운 짐승들이 우글거리는 판이었습니다. 웬만한 용기를 가지고는 그곳을 찾아갈 엄두가 나지 않을 게 뻔하지요. 그래서 이런 사바티 나라 밖의 보물은 이야기로만 사람들에게 전해질 뿐이었어요.

그 전설을 듣고 보물을 찾으러 가겠다고 나선 사람이 있었습니다. 그는 사바티 나라의 여행자 레히루였어요. 쉰 살이 됐어도 스무

살 안팎으로 보일 정도로 건강하고 활기가 넘치는 사람이었지요. 그는 이제까지 아라비아는 물론 인더스 강 하구까지 여행했고, 히말라야 산맥을 넘어 티베트, 중국의 둔황까지 간 적도 있었습니다. 그래서 사바티 사람들은 그런 레히루를 '여섯 마리 코끼리'라고 불렀습니다.

그가 결심하자 뜻을 같이하는 사람들이 모여들어 드디어 보물 탐험대가 만들어졌습니다. 그 이야기를 듣고 대야산에서 수행하던 미란다 스님이 기꺼이 그곳까지 가는 길을 안내하겠다고 나섰어요. 스님은 어린 시절에 아버지를 따라 보물산 가까이까지 갔다가, 아버지는 갑작스럽게 병들어 죽고 자신만 가까스로 살아난 적이 있었습니다. 그에게는 아버지가 남긴 뜻을 레히루가 이루어 주기를 바라는 마음도 있었던 거예요.

일은 척척 진행되어 갔어요. 보물 탐험대는 큰 제단을 차려 놓고 신에게 제사를 올렸습니다. 그러고는 제사 음식을 배불리 나누어 먹었습니다.

"여러분, 우리가 가는 길은 물 한 모금 없는 지옥의 벌판입니다. 또한 우리를 잡아먹으려는 사나운 짐승들이 기다리고 있습니다. 그런 험한 곳을 지나야 보물은 우리 것이 됩니다. 우리는 사바티의 용감한 사나이들로서 그 이름을 걸고, 죽기를 무릅쓰고 이 일을 꼭 이루어 내야 합니다."

"레히루 대장 만세!"

"우리에게는 훌륭한 안내자 미란다 스님이 계십니다. 이분은 석가모니 부처님의 제자로 산중에서 수행하다가 우리를 위해 이곳에 오신 겁니다."

"미란다 스님 만세!"

스님이 단 위에 올랐습니다.

"나를 위해 만세를 부르지 말고, 나의 스승 부처님을 위해 만세를 불러 주시오. 그러나 지금은 부르지 마시오. 여러분은 이번 일이 이루어지면 그때 나와 같이 석가모니 부처님의 제자가 되겠다고 약속해 줄 수 있겠소?"

"그러겠소! 보물만 찾는다면야 까짓것 석가모니 부처님이 아니라 저 산속의 독사의 제자인들 못 되겠소!"

"그런 말은 안 되오."

"좋소. 아무튼 보물을 찾아온 뒤에 부처의 제자가 되겠소."

"좋소!"

힘이 세고 건장한 사내들이라, 말도 거칠고 무뚝뚝했어요.

보물 탐험대는 햇볕이 땅의 나무뿌리까지 구워 먹을 만큼 뜨겁게 내리쬐는 한낮에, 나귀와 낙타에 올라타서 물을 실은 수레와 말린 새고기와 열매를 잔뜩 실은 수레를 이끌고 기세 좋게 출발했습니다. 사바티 나라의 왕까지 나와 보물 탐험대를 환송했습니다. 그만큼 보물찾기는 큰일이었던 거예요. 만약 그 산더미 같은 보물을 차지하기만 한다면, 보물 탐험대만의 횡재가 아니라, 사바티 나라에도 힘이 되기 때문이지요. 그 무렵 사바티 나라는 전염병이 돌고 전쟁이 끝난 다음이라 무척 어려운 상황이었어요.

미란다 스님을 앞세우고 레히루 대장이 이끄는 탐험대는, 그동안 탐험에 필요한 여러 지식을 배웠고 어느 정도 특수한 훈련도 쌓았으므로 그냥 평범한 무리는 아니었습니다. 그들은 군대처럼 규칙을 지키고 대열이 흐트러지지도 않았습니다.

그래서 몇백 리까지는 그런대로 잘 견뎌 낼 수 있었습니다. 그러나 붉은 벌판에 들어서자 하나둘 쓰러지기 시작했습니다. 나귀들도 쓰러졌습니다. 소나기가 퍼부어도 금방 땅속으로 스며 없어져 물수레의 물도 아껴야 했어요.

붉은 땅의 150리 길은 레히루 대장의 지도력으로 가까스로 지나갈 수 있었어요. 쓰러진 사람을 낙타에 태우는 대신, 아직 성한 사람은 걸어가야 했습니다. 사나운 짐승이 나오는 산중에 이르렀을 때는 레히루 대장조차 기진맥진해서 제대로 걸음을 옮길 수가 없었습니다.

"대장님, 우리는 이제 틀림없이 죽을 겁니다. 앞으로 나아갈 수도, 집으로 돌아갈 수도 없습니다. 자고 싶습니다. 그냥 누워 있고 싶습니다."

대장 역시 그와 똑같은 심정이지만 그렇게 말하는 사람을 발길로 세게 차서 정신이 나게 했습니다. 그러나 한두 사람이 그런 게 아니었습니다. 나중에는 여럿이서 대장을 둘러싸고 눈에 쌍심지를 켜고 "너 이놈, 우리를 어디로 끌고 가서 죽이려느냐? 차라리 여기서 너를 죽이고 우리도 죽겠다." 하고 윽박질렀습니다.

 스님이 그런 대원들을 말려서 겨우 마음을 가라앉혔지만, 이번에는 레히루 대장이 완전히 지쳐 버렸습니다. 물도 바닥이 나고 먹을 열매조차 떨어져 버렸습니다. 나귀 한 마리가 쓰러지자 그들은 칼로 찔러서 피를 마시고 날것인 채로 살점을 뜯어 먹었습니다. 스님은 "사람도 결국은 짐승에 지나지 않는구나." 하고 슬퍼하면서도 그런 일을 무어라고 탓할 수가 없었어요.

 마침내는 레히루 대장도 집으로 돌아가려고 했어요.

 "스님, 돌아갑시다."

 이제 단 한 사람 스님밖에는 보물을 찾으려는 사람이 없었어요.

 "나는 보물에 욕심이 없습니다. 다만 우리 사바티 나라의 많은 백성이 굶주리는 것을 보다 못해서 찾으러 나선 것입니다. 당신들의 부탁으로 나선 길인데 이제 와서 나더러 돌아가자고 하는 건 무슨 뜻이오?"

 "이놈의 중놈 봐라. 이렇게 길을 잘못 들게 해서 우리를 다 죽이려는 수작이 아니냐. 너를 죽이고 우리도 죽든지 돌아가든지 해야겠다."

 여러 대원이 수레의 재목을 빼어들더니 때리기라도 할 것처럼 스님에게 다가갔어요. 레히루 대장이 그들을 말리긴 했지만, 그마저도 미란다 스님에게 책임을 돌려 윽박질렀습니다. 스님은 외롭고 슬펐어요. 처음에 계획했던 일을 이루기도 전에 벌써 이렇게 뜻이 갈라져 버리는 것이 가슴 아팠습니다. 위험한 곳, 절망적인 곳에서는 마음을 합해야 살아남는데, 도리어 서로 죽이려 드는 것이 더욱 가슴 아팠어요.

그는 눈을 감고 그들이 가야 할 길을 향해 기도했습니다. 그를 둘러싸고 있던 대원들도 잠시 몽둥이와 칼을 내리고 가만히 서 있었습니다. 스님은 앞으로 몇 발짝 걸어가서 모래 언덕에 두 무릎을 꿇고 더욱 열심히 기도를 했습니다.

"석가모니 부처님이시여, 저를 인도하소서. 저희의 길이 이 벌판에서 끝나지 않게 하소서."

슬픔에 찬 간절한 기도를 끝내고 그가 앞을 바라보았을 때 저 멀리 성이 보였어요.

"앗, 저 성이다. 저 옛 성 너머가 보물산이다."

"아니? 성이다!"

"성이다!"

"성? 그렇구나!"

"우리는 살았다!"

"살았다! 보물산 만세!"

스님의 기도 때문에 그들에게 성이 보인 것일까요?

"자, 이젠 누구를 죽인다거나 집으로 돌아간다거나 하는 말들은 하지 마시오. 이 정도로 사나이의 뜻을 꺾는다면 크게 부끄러운 일이오. 아무리 작은 기쁨일지라도 그것은 괴로움의 열매인데, 큰 기쁨에는 그보다 엄청난 괴로움이 따르게 마련이오. 자, 갑시다. 저 성을 지나면 바로 보물산이 있습니다. 저 성은 비어 있지만, 물도 있고 먹을 것도 있습니다. 자, 출발합시다."

이렇게 스님이 격려하자 레히루 대장은 부끄러워하며 다시 대원을 이끌었습니다. 보물 탐험대는 힘을 내어 성까지 달려갔습니다. 성 안에는 사람은 없으나 꽃도 피어 있고 물도 있고 빈집들도 있었습니다. 거기서 푹 쉰 다음 일행은 힘찬 행군을 계속했습니다. 성에서 멀리 떨어지지 않은 곳에서 스님이 말했습니다.

"돌아보시오."

일행이 뒤를 돌아보니 무슨 조화인지 그들을 쉬게 해 주고 목마름과 배고픔을 채워 준 성은 흔적도 없고 붉은 벌판만이 눈에 들어왔습니다.

"아, 성이 사라졌다!"

"성이 없다!"

"이게 무슨 일이지?"

그들은 모두 어리둥절했습니다. 스님이 웃음을 띠며 부드럽게 말했습니다.

"자, 아까 그 성은 당신들을 쉬게 하고 기운을 돋우어 준 허깨비 성이었습니다. 내가 임시로 지어낸 방편이었습니다. 하하, 여기서 보물산은 멀지 않아요. 자, 힘을 냈거든 어서 갑시다."

그리하여 그들은 그렇게도 간절히 바라던 보물산에 이르렀습니다. 그리고 많은 보물을 싣고 사바티 나라로 돌아갈 수 있었습니다.

사바티 나라 밖의 절에 머물고 있던 석가모니 부처님이 이 이야기를 제자들에게 해 준 것은 훨씬 뒤의 일입니다.

"보아라. 오늘날 사바티 나라는 그때 그 보물로 다시 부강해졌다. 그러나 이 이야기에는 더 큰 뜻이 있다. 붉은 벌판과 험한 길은 태어나고 병들고 늙고 죽는, 고통으로 가득 찬 사바세계이며 보물 탐험대는 깨달음을 얻지 못한 무리들이다. 미란다 스님은 그 무리를 이끄는 부처요, 그들이 허깨비 성을 본 것은 깨달음의 첫걸음에 들어섰다는 뜻이다. 그들이 크나큰 괴로움 끝에 허깨비 성을 보고 마침내는 보물산을 발견한 것처럼 너희들도 쉽게 절망하거나 포기하지 말고 참된 깨달음을 얻기 위해 애써야 한다."

제자들은 부처님의 발을 씻고 거기에 이마를 조아려 큰절을 드렸습니다.

가장 깊은 상처

　라에쓰기 성에서 남쪽으로 멀리 떨어져 있는 수뢰야 산은 여러 개의 봉우리로 이루어진 아주 커다란 산입니다. 라에쓰기 성에서 남쪽의 여러 고장과 시장에 가려면 반드시 이 수뢰야 산의 허리를 넘어가야 합니다.
　바닷가는 몇백 길이나 되는 벼랑으로 되어 있고, 그 산 서쪽은 험준한 바위 등성이로, 때때로 건너뛸 수 없는 낭떠러지가 몇십 개씩 이어져 있어 잘 달리는 호랑이조차 떨어져 죽는 일이 많습니다. 그래서 사람들은 그곳을 '지옥문'이라고 하지요.
　그러니 수뢰야 산의 허리를 걸어 넘어가는 것밖에 다른 방법이 없습니다. 이 길은 남쪽의 마을들과 라에쓰기 일대의 북쪽 마을들을 잇는 유일한 무역 통로여서, 언제나 낙타에 물건을 실은 한 떼의 대상(大商)이나 큰 수레에 보물이나 비단을 실은 장사꾼들이 넘어가고 넘어오곤 합니다.

그런데 이 수뢰야 산에는 500명의 무서운 산적들이 길목 여러 곳을 지키고 있었어요. 그들은 장사꾼들을 붙잡아 물건을 빼앗는가 하면 아름다운 여자 노예도 빼앗고, 함부로 사람을 죽이기도 했습니다. 그래서 "큰 부자가 되려면 수뢰야 산을 넘고 빈털터리가 되려면 수뢰야 산을 넘어라.", "네 목숨 버릴 데 없으면 수뢰야 산적한테 버려라." 하는 속담이 있을 정도였어요. 하기야 수뢰야 산을 한 번만 넘으면 무역으로 대번에 부자가 될 수 있었지요. 북쪽 지방의 물건은 남쪽에서 비싸게 팔리고 또 남쪽 지방의 물건도 북쪽으로 가면 부르는 게 값이었으니까요. 그러나 그런 부자가 쉽게 될 수는 없었어요. 500명의 산적 떼에게 걸리기만 하면 깡그리 빈털터리가 되곤 했습니다. 그래서 그 수뢰야 산 산적들은 남쪽이나 북쪽 지방에 그럴듯한 시장을 열어서 장사까지 하는 형편이었습니다. 정작 돈을 버는 건 그들이었지요.

그런데 그들이 나쁜 짓만 하는 건 아니었습니다. 많은 가난한 사람, 억울한 사람, 또는 1년 농사를 관리한테 다 빼앗겨 버린 사람들에게 강도질한 것을 나누어 주기도 했습니다. 그들 역시 그런 백성의 자식으로 태어나서 먹을 것, 입을 것이 없고 살 집도 없어서 할 수 없이 산적이 된 것이었으니까요. 그러나 어쩌다 좋은 일을 한다고 해도 수뢰야 산의 도적들은 아주 사납고 무지막지했습니다. 백성을 돕는다는 것은 명분에 지나지 않고, 실제로 그들이 사는 모습을 들여다보면 야만스럽기 짝이 없었어요.

왕은 여러 번 병사들을 이끌고 가서 그들을 죽이거나 사로잡으려 했어요. 그러나 500명의 산적들은 그야말로 귀신같이 사라졌다 귀신같이 나타나면서 왕의 병사들을 모조리 죽여 버렸어요. 그래서 어떤 약삭빠른 장사꾼은 미리 산적들에게 줄 것을 따로 장만해다 바치고 가까스로 약간을 남겨 놓았다가 그것으로 큰 부자가 되기도 했습니다. 아무튼 이런 곳이라 누구도 함부로 넘나들 수 없었지요.

이처럼 산적들이 그 길을 막고 있었기 때문에 나라의 살림은 말이 아니었습니다. 그렇게 되자 나라가 어지러워지고 왕족들 사이에서 권력 다툼까지 일어났습니다.

나라가 그런 형편이고 큰 부자들이 피해를 입는 것은 그렇다고 하더라도, 나중에는 아주 가난한 사람들까지 산적들에게 푼돈을 빼앗겨 수뢰야 산의 도적들도 별것 아니라는 소문이 나돌았습니다. 그도 그럴 것이 두목이 보물을 몽땅 가지고 달아나 버렸기 때문에, 산적들이 하루아침에 좀도둑이 된 거예요.

산적들은 누구 한 사람이 죽거나 도망을 치면 다른 사람을 뽑아 언제나 꼭 500명을 채웠습니다. 예로부터 500명의 도둑이 가장 무섭다는 전설이 내려오고 있었기 때문이지요.

석가모니 부처님이 제자들과 함께 이 라에쓰기에 머물러 있을 때였어요. 그들은 그곳 사람들에게서 수뢰야 산의 500명의 도적에 대한 이야기를 들었습니다.

"부처님, 그 무서운 도적 떼를 없애 주세요. 부처님이 말한 다섯 가지 계율 중에 도둑질하지 말라는 게 있지 않습니까?"

"도둑을 그대로 두는 것은 부처의 법이 아닙니다."

"만약 도적 떼를 없애지 못하면 부처님이 아니오."

이런 소리를 듣고 난 석가모니 부처님은, 날이 밝자 제자들을 두고 혼자 산으로 향했습니다. 그는 이 세상에서 가장 비싼 금강석 옷을 입은 장사꾼으로 변장하고, 금 화살과 금 칼을 들고 금은으로 만든 안장을 얹은 말에 올라탔습니다. 그 뒤에는 한번 보면 입이 딱 벌어질 온갖 보물을 실은 작은 수레를 달았습니다.

부처님이 수뢰야 산의 울창한 숲길로 들어서자, 하늘을 찌를 듯한 전나무 망루에 올라가 망을 보던 산적 하나가 여우 우는 소리를 흉내 내어 일당에게 신호를 보냈습니다. 부하들과 흥청망청 술을 마시던 두목은 느닷없는 신호에 놀라서 술상을 뒤집어 버리고 말을 타고 뛰쳐나왔어요.

그들이 오르막길이 잘 내려다보이는 언덕에 올라선 것은 얼마 지나지 않아서였어요. 과연 부자 한 사람이 멋모르고 보석을 실은 채 길을 올라오고 있는 게 아니겠어요? 부하들은 소리를 지르면서 좋아했습니다. 산적이 된 지 몇십 년 만에 그렇게 호화로운 행차는 처음 보았으니 말입니다.

"이놈들아, 가만히 있어. 저놈은 분명히 보통 녀석이 아니다. 이 수뢰야 산을 저렇게 비싼 보물을 가지고 혼자 지나가는 놈이라면, 미친 게 아니면 무슨 꿍꿍이가 있는 것이 분명하다."

"두목님, 그런 꿍꿍이가 우리에게 통할 리가 있습니까? 하하."

"잠자코 있으란 말이다. 아무래도 수상하다. 저놈의 함정에 걸려들면 끝장이야."

"어? 두목님, 왜 이렇게 사시나무처럼 떠십니까?"

"예끼, 이놈!"

두목은 겁이 나는 것을 억지로 숨겼어요. 그는 부하들 앞에서 주저하는 모습을 보인 게 몹시 기분이 상해 얼떨결에 돌격 명령을 내렸습니다. 그들은 우르르 몰려가서 그 장사꾼을 에워쌌습니다.

장사꾼은 말 위에 한참 동안 가만히 앉아 있다가 손에 든 활에 화살을 메겨 쏘았습니다. 그러자 한 개의 화살이 500개가 되어, 그를 둘러싼 500명의 산적들에게 하나씩 꽂혔어요. 이상한 일이지요. 이어서 칼을 들어 한 사람을 치니 500명이 다 칼에 베어 상처가 났습니다. 이름 높은 수뢰야 산적들 500명이 단번에 쓰러져서 떼굴떼굴 구르고, 그들이 탔던 말은 산중으로 달아나 버렸습니다.

그들이 입은 상처는 그렇게 깊은 것이 아니었어요. 화살도 얕게 박혀서 뽑아 버릴 수 있었고, 칼에 스친 상처도 별게 아니었어요. 그래도 그 아픔만은 이상하게도 심했습니다. 산적 두목은 이 장사꾼이 보통 사람이 아니라는 걸 깨달았어요. 그는 장사꾼 앞에 고개를 숙

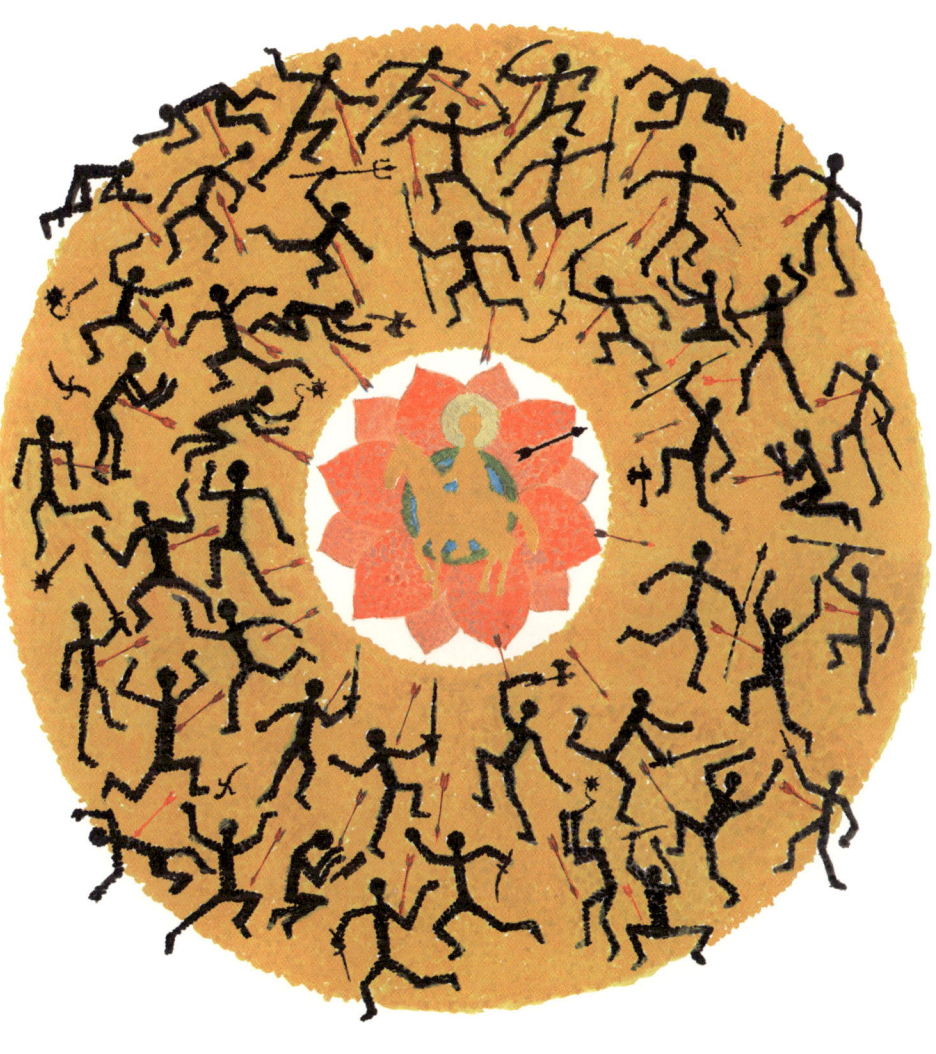

였고 부하들도 따라 엎드렸습니다.

"몰라뵈었습니다. 목숨만 살려 주시면 무엇이든 하라는 대로 하겠습니다."

그들은 간곡하게 빌었습니다. 장사꾼은 빙긋이 웃으면서 말 위에서 그들을 내려다보았어요.

"그대들의 상처는 깊지 않다. 이 세상에서 가장 무서운 상처는 근심이며, 가장 무서운 화살과 칼은 어리석음이다. 그대들은 욕심 때문에 항상 근심하고, 욕심 때문에 옳은 것과 그른 것을 분별하지 못하는 어리석은 무리가 된 것이다. 그렇게 사람들을 죽이고 재물을 빼앗고도 스스로 무슨 짓을 하고 있는지 모르는 어리석음이야말로 가장 큰 상처인 것이다. 그대들에게 깊이 박힌 독은 탐욕을 없애고 살생을 멈춘 뒤에야 비로소 뽑아낼 수 있다. 어찌 하겠느냐, 나를 따르겠느냐?"

"네."

"네."

장사꾼은 말에서 내려, 말과 수레를 탁 쳐서 어디론가 달려가게 했습니다.

"저것은 그대들의 어리석음이 본 가짜 보물이다. 이제부터 그대들은 바른 눈을 뜨게 될 것이다. 아무리 나쁜 일을 많이 저질렀더라도 크게 뉘우쳐 옳은 일을 해 나가고 고요히 생각하면 부처의 법을 가진 이가 되느니라."

"그러면 당신이 부처님이신가요?"

장사꾼은 금강석 옷도 벗어 버리고 금은 장식도 다 버렸습니다. 그곳에는 남루한 떠돌이 차림이지만 자비심이 가득한 석가모니 부처님이 서 있었습니다.

칼에 벤 상처도 근심보다 깊지 않고
화살의 독도 어리석음보다 깊지 않네.
근심과 어리석음의 뿌리는
천하장사의 힘으로도 못 뽑으니
오직 어진 이를 따르라.
어둠이 빛을 얻듯
그대들 또한 눈을 뜨리라.

부처님의 노래를 듣고 크게 깨달은 도적 떼는 동굴 속의 보물을 전부 나라에 바치고 수행자가 되었지요. 절에 가면 500나한이라는 훌륭하고 용맹스러운 부처님의 제자들을 볼 수 있습니다. 그들이 바로 옛날에 500명의 수뢰야 산적들로 불렸던 이들이에요. 부처님을 만나 욕심을 버린 그들은, 가장 깊고 무서운 독이라는 근심과 어리석음을 없애고 깊은 지혜와 사랑의 마음을 얻었습니다.

친구가 준 보물

순티아는 어린 시절에 함께 자란 친구 데바타를 만나 몹시 반가웠습니다. 데바타는 지난날 부자였는데 재산을 다 탕진하고, 여기저기 떠돌면서 품을 팔아 살아가는 신세였습니다. 순티아는 옛 친구 네바타가 불쌍해서 견딜 수가 없었습니다.

순티아는 아만 마을 일대를 다스리는 관청에 다니는 관리로, 사람들 사이에 덕망이 높았습니다. 관리들이 세금을 거둔다는 핑계로 백성에게서 곡식을 빼앗아 가지 못하게 하는 것이 그의 임무였지요. 그래서 늘 농촌을 다니면서 농부들의 실정을 알려고 애를 썼습니다.

그날도 시찰을 하러 간 마을에서, 낯선 사람이 일을 잘못 한다고 먹살이 잡혀 있는 광경을 보고 불쌍한 마음에 말리다 보니, 바로 그

떠돌이 머슴이 옛 고향 친구 데바타인 거예요. 순티아는 반가운 나머지 관청 일도 그만두고 데바타를 데리고 집으로 갔습니다.
"데바타! 자네를 만나다니, 이게 꿈인가 뭔가?"
"……나도 반갑네."
데바타는 제 꼴이 부끄러웠던지 자꾸 순티아의 눈길을 피했습니다. 순티아는 술과 음식을 차려서 옛 친구가 실컷 먹고 마시게 했습니다. 데바타는 그동안 밥을 제대로 먹지 못하다가 술과 음식을 한꺼번에 많이 먹어, 그대로 곯아떨어졌습니다.
순티아는 관청에 다시 나가 봐야 했는데, 친구가 잠에서 깨면 그대로 달아날 것 같아 자신이 아끼던 보물 한 개를 친구의 옷 속에 달아 주었습니다. 여기서 떠나더라도 그 보물이면 오랫동안 넉넉하게 살 수 있으리라 생각한 것이지요. 정말 소중한 친구가 아니라면 그런 보물을 매달아 주었을 리 없지요.
관청에서 일을 마치고 집으로 돌아오니 생각했던 대로 옛 친구 데바타는 자취 없이 사라졌습니다.
"됐어. 이제는 데바타도 집도 짓고 땅도 사고 잘살 수 있을 거야. 그만한 보물이면 앞으로 그렇게 설움을 받지 않아도, 업신여김을 받지 않아도 될 거야."
순티아는 마음이 흐뭇해졌습니다.
그러면 친구네 집에서 잠이 깨자마자 도망치듯 가 버린 데바타는 어찌 되었을까요? 그는 그 마을을 떠나 다시 떠돌이 일꾼이 되어,

이 집 저 집의 가축을 돌보고 논밭의 김을 매며 살아갔습니다.
"무슨 운명을 갖고 태어났기에 친구 순티아는 그렇게 잘살고, 나는 이 모양 이 꼴이지."

제 신세를 한탄해 봐야 헛일이었습니다. 그저 남루한 옷차림으로 남의 일이나 해 주고 가축우리 옆의 움막에서 잠을 자는 생활이 계속되었습니다.

그러다가 어느 마을의 부잣집에 머슴으로 들어가 밥걱정과 잠자리 걱정은 없어졌습니다. 그 집에서는 데바타가 일찍 일어나고 늦게 자면서 부지런히 일하는 모습을 보고 마음에 들어서, 장차 늙은 과부댁이라도 얻어서 살림을 내줄 생각까지 하게 되었어요.

그런데 그때부터 데바타는 생활이 조금 편해졌다고 옛날 버릇이 나와 눈치를 슬금슬금 보면서 꾀를 부리고 게으름을 피웠습니다. 부지런한 것은 쉽게 보이지 않으나, 게으른 것은 눈에 번쩍 띄는 것이 세상일이지요.

"이봐, 내가 게으름뱅이에게 속았어. 살림까지 내주려 했는데……. 네놈이 나를 속였어."

주인이 이렇게 혼을 내기에까지 이르렀어요. 더구나 그 무렵 주인네 말 한 마리가 감쪽같이 사라졌는데, 도둑이 잡히지 않자 주인은 데바타를 의심하기 시작했습니다.

"나는 도둑을 집 안에 두고 살 정도의 호인이 아니다."

"……."

"네가 말을 훔쳐 팔아먹고 시치미를 떼는 게 틀림없다."

"아닙니다, 아닙니다."

"뭐가 아니란 말이야!"

"주인님, 절대로 그렇지 않습니다. 저에게 누명을 씌우지 마십시오. 제가 비록 늙고 몸이 약해서 게으름을 피우기는 하지만 도둑질은 하지 않습니다."

"아무튼 오늘부터 너는 우리 집 머슴이 아니다. 썩 물러가서 멀리 북방으로 가 버려라. 퉤퉤."

데바타는 새경으로 받은 조갯돈 몇십 개를 갖고 또 정처 없이 길을 떠났습니다. 주인이 미운 마음에 가서 죽어 버리라고 한 말이었는데, 그는 무슨 일감이라도 많은 줄 알고 가난하고 병이 많이 퍼져 있는 북쪽으로 갔습니다. 북쪽 마을은 몹시 춥고 독초를 캐어 먹고 죽는 사람이 있을 정도로 먹을 것이 없었습니다. 데바타는 그저 주저앉아서 죽고만 싶었습니다.

"나도 지난날엔 남부럽지 않게 살았는데 왜 나이가 들수록 이렇게 무너져 버리는 거지. 내 운명은 이 세상에서 제일 더럽구나."

그는 큰길에서 눈보라를 맞고 쓰러졌습니다. 그는 거의 죽어 가고 있었습니다.

그때 옛 친구 순티아는 높은 벼슬아치로 임명되어 중앙 관청으로 가는 중이었는데, 눈 내리는 큰길 바닥에 사람이 쓰러진 것을 보고는 수레를 세웠습니다.

친구가 준 보물

"어젯밤 꿈이 이상하더니……, 저기 쓰러진 게 사람이냐, 뭐냐?"
"늙은 사람입니다."
마부가 외쳤어요.
"그럼, 먹을 것이나 입을 걸 좀 주어서 보내어라."
"죽어 갑니다."
"뭐라고?"
순티아는 그 순간, 번개같이 머리를 스치는 게 있어서 수레에서 내려 그 늙은이를 살펴보았습니다.
"아니? 아아! 데바타가 아닌가?"
그는 데바타를 끌어다 수레에 태우고 도성으로 달려갔습니다. 의원을 급히 불러 약을 달여 먹였더니 데바타가 의식을 되찾았습니다. 그는 순티아의 관사 사랑방에서 며칠 요양을 하고 건강해졌습니다. 관청에서 돌아온 순티아는 그런 데바타를 보고 무척 반가웠습니다. 그는 문득 지난날 데바타의 옷 속에 매달아 놓은 보물 생각이 났습니다.
'혹시 저 바보가 내가 준 보물을 잃어버린 게 아닐까? 그것만 가지고 있었다면 평생을 잘살 수 있었을 텐데…….'
갑자기 이런 의심이 났어요. 그래서 그는 데바타를 불렀습니다.
"여보게, 데바타, 자네가 건강을 되찾아 기쁘네."
"왜 나 같은 걸 살려 주었나. 그냥 지나쳐도 됐을 텐데."
"그런 소리 말게. 내 어찌 어린 시절의 고향 친구를 그냥 버린단 말인가?"

"아무튼 자네한테 낯을 들 수 없네."

"데바타!"

"왜 그러는가?"

"그전에 자네를 만났을 때, 잠든 자네한테 보물을 준 적이 있는데……."

"보물을?"

"그래. 자네가 술 취해 잠들었을 때, 자네 옷 속에 그걸 묶어 두었다네. 자네가 옷을 빨다가 뒤집어 보면 알 거라고 생각해서."

"나는 한 번도 옷을 빨아 입은 적이 없네."

"예끼, 이 사람! 여봐라!"

순티아는 마당에 대고 누군가를 불렀습니다.

"어서 사랑방에 가서 당장 이 사람의 헌 저고리를 가져오너라."

그 옷은 옷이라고 할 수도 없었어요. 고약한 냄새로 절어 있었어요. 순티아는 그 옷을 펴서 속을 만져 보았습니다. 보물은 그대로 거기 묶어 있었어요.

"이걸세, 이 사람아."

"아니, 정말인가?"

"이런 바보 같으니라고. 자네가 진작 이걸 알았다면 그 모진 고생은 하지 않았을 게 아닌가. 내 어리석은 친구 데바타여. 이런 억울한 일이 어디 있는가. 보물을 몸에 지니고서도 짐승처럼 살아오다니!"

친구가 준 보물 117

"순티아!"

"아아!"

"순티아! 나는 어린 시절부터 자네의 슬기로 살았어. 그러나 지금은 이렇게 어리석은 늙은이가 되었네그려."

데바타는 흐느껴 울었습니다.

"데바타! 이제는 자네도 잘살 수 있네. 울음을 그치게."

"고맙네, 고마워."

"내가 왜 자네를 도우려고 이렇게 애쓰는 줄 아는가? 그저 옛 고향 친구라 그런 것만은 아닐세. 어릴 적 우리 집이 가난해서 몹시 굶주렸을 때, 자네가 찰밥 세 덩어리를 훔쳐다 나에게 준 일이 있네. 그것으로 부모님과 나는 한 끼를 때우고 살아났었지. 그때 아버지께서 앞으로 내가 잘되면 자네의 은혜를 꼭 갚으라고 하셨네. 그 뒤 부모님이 돌아가시고, 나는 혼자 정처 없이 고향을 떠났네. 그러다가 어찌어찌해서 바라문에게 글을 배워 이런 벼슬아치라도 된 거라네."

그들은 지난 시절 고생했던 기억들과 서로에게 베푼 따뜻한 우정에 마음이 벅차올라 아무 말도 할 수 없었습니다. 그들은 어린아이처럼 부둥켜안고 엉엉 소리를 내며 울었습니다.

그 뒤로 순티아와 데바타는 변함없는 친구로서 함께 행복하게 잘 살았습니다.

석가모니 부처님은 두 친구의 이야기를 들려주고는 우리가 착한 행동을 하면 언젠가 우리에게 좋은 일이 일어난다고 말했어요. 어릴 적에 데바타가 준 찰밥 세 덩어리를 잊지 않고 나중에 순티아가 데바타의 목숨을 구한 것처럼 말입니다. 우리가 기억하든 못하든 간에 우리의 행동은 오랜 시간이 지난 다음에라도 우리에게 되돌아오지요.

또 부처님은 모든 이들에게는 부처의 지혜가 있다는 말도 했어요. 그런데 사람들은 어느 사이에 그 값진 지혜를 잊어버리고 슬픔과 고통 속에 살아가고 있는 거예요. 데바타가 귀한 보물을 가졌으면서도 겨우 몇 푼 되는 품삯을 받기 위해 온갖 수모를 당한 것과 같지요. 부처님은 데바타의 낡은 옷을 살펴 보물을 꺼낸 순티아처럼 우리 마음 안의 지혜를 일깨우신 분입니다.

가장 작은 물방울

 석가모니 부처님은 그의 큰 사랑 때문에 어느 곳이든 마다하지 않고 다녔습니다. 그러고는 길을 가다가 좋은 곳이 나오면 여기서 쉬어 가자고 말했습니다. 여든 살이 되었을 때 바이샬리 지방을 떠나면서는 제자 아난에게 "내가 이제 이 아름다운 곳을 마지막으로 보느니라. 이 몸으로서는 다시 이곳에 올 수 없느니라."라고 말한 일도 있어요.
 그는 산과 드넓은 북부 인도의 들판과 보리수 숲을 사랑했어요. 막막한 모래벌판도 꺼리지 않았어요. 인더스 강과 갠지스 강이 하나로 모이는 바다도 몹시 좋아했습니다. 그러나 부처님은 갠지스 강을 수없이 건너다니며 그 강을 제일 사랑했어요.

그는 갠지스 강의 그 많은 강줄기들을 거미줄 치듯이 건너며 오르내렸어요. 마흔 살이 가까워 부처를 이루고, 그 뒤로 마흔 살이 더 넘도록 그는 길에서 살았어요. 그러니 그가 만나는 곳이 산기슭이요, 벌판이요, 강줄기들이었지요.

갠지스 강을 건너는 나루에서 그는 부처의 법을 강물에 비유했으며, 부처의 법도 흐르는 물 그대로라고 말했어요. 부처에 이르는 길은, 한 방울의 풀잎 이슬이 모여 실개천을 이루고, 그것이 개천이 되었다가 시내가 되고, 그 시내가 강이 되고, 그 강이 오래오래 흘러서 큰 갠지스 강물로 흐르다가, 이윽고 바다로 가는 것과 같다고 말하기도 했어요. 그리하여 그 바닷가 바위 위에 짠 소금으로 하얗게 빛나는 것이 '부처의 맛'이라고도 했어요.

이러한 부처님인데, 수없이 건넌 갠지스 강을 어찌 사랑하지 않았겠어요. 그는 이 강물을 건너면서 늙은 제자가 멀리서 죽었다는 슬픈 소식도 들었고, 출가하기 전 그의 가문인 석가족이 다 멸망하고 오직 한 사람이 남았으나 그마저 물에 몸을 던져 죽었다는 이야기도 흐르는 물인 양 들었던 거예요. 갠지스 강이야말로 부처의 법이며 부처의 역사이며 옛 인도의 삶과 죽음의 모든 것이었어요.

이 강물을 보면서 부처님은 어머니의 사랑을 말하고, 이 세상의 온갖 것이 사랑으로 만나야 한다고 말했어요. 또한 이 강을 괴로움에 빗대어, 저 언덕으로 건너가는 배를 '부처의 법'이라고 했어요. 작은 나룻배를 타고 혼자 저 언덕으로 가는 것도 부처의 길이지만 그것은 작은 일이며, 큰 배에 여러 사람을 태우고 건너가야 큰 부처의 길, 사랑의 길이 된다고 말했어요. 길을 걷다가 다친 제자의 발등을 이 물로 씻겨 주고, 아들을 잃은 여인의 슬픔을 이 강물로 씻어 가라앉혀 주었어요.

"아난아, 그리고 늙은 가섭이여, 보아라. 이 강물이 흐르듯이 우리도 흐르고, 우리 마음이 흐르므로 이 강물도 흐르는 얼굴로 나타난다. 밤이 깊다. 자자. 아니, 자기 전에 저 갠지스 강물 흐르는 소리를 들어라. 내 말이 부처의 법이 아니고, 이 밤 저 흐르는 강물 소리가 차라리 법이로구나."

이런 말들을 부처님의 제자들은 갠지스 강 기슭에서 마음 깊이 새겨듣곤 했어요. 그러나 석가모니 부처님은 이따금 강기슭에서 뜻밖의 부탁을 받기도 했습니다. 술 취한 이가 그의 가사를 벗기기도 하고, 오만한 이가 사랑에 가득 찬 그의 얼굴 앞에서 소리를 치다가 뉘우치기도 했어요. 그럴 때마다 그는 조용히 강물을 바라보았어요.

어떤 이가 자신의 머리카락 한 올을 뽑아서 아주 잘게 잘라 내더니 그 머리카락 티끌에 강물 한 방울을 묻혀서 부처님 앞에 내놓았어요.

"강물에서 떠난 이 물방울도 강물입니까?"

"강에 있으면 강물이요. 티끌에 있으면 티끌의 물이다. 그것을 나에게 주었으니 석가의 물이다."

부처님은 쓸쓸히 웃었어요. 그런 말도 이 강물 앞에서는 헛된 것이었어요.

"무슨 물인들 어떠하랴. 물의 본디 모습에는 변함이 없다. 흐르는 물은 잔잔하고, 물결치는 물은 사나우며, 낭떠러지에서는 폭포가 되고, 저 아래 얌니 마을 처녀가 길어 올리는 물은 두레박 물이다. 잔잔하거나 사납거나 폭포가 되거나 정숙한 두레박 물이 되거나, 그 물의 본디 얼굴은 한결같다. 그것이 곧 부처의 법이니라."

그러나 그 사람은 티끌에 묻은 물방울을 부처님에게 바치고 제멋대로 긴 말을 늘어놓았어요.

"부처님이시여, 이 머리카락 티끌에 묻은 한 방울의 물은 부처님의 것입니다. 그러니 이 물이 불어나지도 줄어들지도 않게 하소서. 햇볕이나 바람에 마르지도 않게 하소서. 또한 새나 짐승들이 와서 찍어 먹지도 못하게 하소서. 그리고 다른 물과 섞이게도 하지 마시고, 다른 곳에 담아서 땅 위에 두지도 마소서. 그렇게 하시겠습니까? 부처님이시여, 하시겠습니까?"

부처님은 이렇듯 까다로운 부탁이 붙은 작은 물 한 방울도 사랑으로 받아들였어요. 그리고 한 동안 깊은 생각에 잠겼다가 눈을 뜨고는, 티끌에 묻은 물 한 방울을 갠지스 강물에 던져 버렸어요.

"왜 던지십니까?"

"······."

"왜 던져 버리십니까, 부처님이시여?"

"불어나지도 줄어들지도 않으며, 말라 버리지도 않고 없어지지도 않으려면, 갠지스 강물에 넣어야 한다. 이 세상 사람이 다 사라져도 그 물 한 방울은 돌고 돌아 이슬이 되고 강물이 되고 바다가 되어 오래오래 남아 있으리라."

부처님은 계속 말했어요.

"그 물 한 방울을 그대가 다시 찾으면, 내가 저 강물에서 떠다 주겠다. 머리카락 티끌은 마음이요, 강물은 태어나고 죽는 흐름이요, 한 방울의 물은 부처의 씨앗이며, 저 아래의 큰 바다는 부처이니라. 그러니 티끌에 묻은 부처의 작은 씨앗이라 할지라도 그것이 부처의 길 위에서 사라지지 않는 한 오랜 생명을 지니는 것이다."

부처님 일행은 저무는 날의 갠지스 강 기슭에서 지친 몸을 쉬고 목을 실컷 축인 다음, 다시 길을 떠났어요. 제자이며 사촌 아우 되는 아름다운 스님 아난이 부처님 뒤에서 걸으면서 말했어요.

"부처님이시여, 깨달은 분이시여, 오늘따라 왜 그다지도 갠지스 강을 사랑하십니까?"

부처님은 그 말에 희미한 기쁨이 우러났어요.

"아난아, 너 또한 오늘 강물을 유난히 사랑하더니 내가 사랑하는 것도 아는구나."

"부처님이시여."

"그러나 그 강물을 사랑하고 그 강물에서 지혜를 얻을지라도 거기에 집착하지 마라. 그렇지 않으면 너는 그 강물에 사로잡혀서 다른 것을 보지도 듣지도 못하고 사랑과 지혜를 찾을 수 없느니라."

"부처님이시여, 이 끝없는 길의 저문 들판에 강이 있듯이, 이 끝없는 괴로움의 세상에 깨달은 이가 있는 것입니까?"

"그렇다. 아난아, 벌써 해가 졌구나."

"해가 졌습니다. 오늘 밤길은 어제보다도 더 멀어서 새벽까지 대가야 합니다."

"좋다. 이러기를 벌써 며칠째로구나. 우리가 가서 머무는 곳도 좋지만, 이런 밤을 다하여 걸어가는 일이 곧 우리들의 공부다. 길을 가고 길을 닦는 일이 우리의 공부가 아니냐."

"부처님이시여, 강을 보고 그 강을 뒤에 두고 밤길을 걸으니, 지극히 편안하고 발이 가볍습니다."

"오냐, 오냐. 내 헐고 늙은 발도 가벼워져 아난의 발만큼 힘이 나는구나."

그들은 밤새도록 걸어서 갠지스 강으로부터 멀어졌습니다. 새벽녘의 닭 울음소리가 들리고, 아주 바지런한 소녀가 새벽에 일찍 일어나 우물에 두레박을 내리는 소리도 들렸어요. 그런데 그들 앞에 희부옇게 나타나는 것은 또 하나의 갠지스 강의 줄기였어요.

"또 강물이 가로막고 있습니다."

"아니다. 가로막는 것이 아니라 우리를 건너가게 하려는 것이다. 바로 저 강물을 건너면 거기에 나루터가 있고, 거기서 조금 더 가면 우리가 머무는 동산이 나타날 것이다."

"그렇습니다. 티베우샤 마을이 바로 거기입니다."

"자, 또 새벽부터 강을 건너고, 강물로부터 배우고, 우리가 강물에 가르칠 일도 있다."

부처님 일행은 이렇게 갠지스 강을 떠나지 않았습니다. 어쩌면 부처의 법은 바로 이런 강물의 법인지도 모르지요.

말 잘하는 스님

슈미라는 8만 4천 개의 입을 가지고 태어났다는 얘기를 들을 만큼 말 잘하기로 이름난 스님입니다. 대체로 스님들은 말수가 적고 또 말을 많이 하는 것을 무척 꺼리는데, 슈미라는 "그래서는 안 되오. 수행자는 벙어리가 아니란 말이오. 수행으로 얻은 깊은 생각을 여러 사람에게 들려주어야 합니다. 그러려면 여러 스님들도 말을 잘할 수 있어야 합니다."라고 외쳐 댔어요.

또 어느 때는, "입은 재앙의 근본이라고 하지만, 그것은 거짓으로 꾸며 대는 말, 남을 떼어 놓으려는 말 때문이오. 나는 그런 말을 없애기 위해서라도 가는 곳마다 내 말을 들려줄 것이오. 내 말은 나는 새도 듣고, 멀리 들 가운데로 기어가는 짐승도 듣고 있습니다. 그리고 하늘나라의 여러 신들도 듣고 있습니다."라고 뽐내기도 했어요.

아무튼 그는 열심히 수행했고, 또 사람들이 많이 모이는 곳에서는 변함없이 아주 재치 있는 말로 그들을 사로잡았습니다.

"슈미라 스님이 왔다!"

"젊고 잘생긴 슈미라 스님의 말씀을 들으면 가슴이 탁 트여요."

이렇게 슈미라를 환영하는 마을 아낙네들까지 생겼습니다. 그가 나타나면 마을 한복판 언덕에 마련된 단의 위와 아래에는 사람들이 가득했고, 집에서 몇 달 동안 앓아누워 있던 늙은이도 떠메어져 나와 있었어요.

"여러분, 축복받은 고을의 사람들이여! 착한 장부와 착한 아낙네들이여! 나 슈미라는 여러분에게 샛별과 같은 빛을 드리기 위해 여기 왔습니다. 여러분뿐만 아니라 여기 안 계신 죽은 넋, 여러분의 조상의 넋까지 나의 말을 듣기 위해 이곳에 있습니다. 하늘의 신들과 땅 위의 여러 짐승과 새들까지도 나의 말에 귀를 기울입니다. 보십시오. 저녁 해가 지면 어둠이 퍼지듯이 나의 말이 퍼져서 이 고을의 들판을 덮을 것입니다……"

이렇게 시작되는 슈미라의 연설은 과연 그곳 사람들의 마음을 깊이 물결치게 하고 감동을 주었습니다.

"슈미라!"

"슈미라! 슈미라!"

사람들은 흩어져 돌아가면서 그렇게 슈미라의 이름을 불렀어요.

어떤 사람은 슈미라가 석가모니 부처님의 제자인 사리불의 제자이면서 도리어 부처님의 인기를 가릴까 걱정이 된다고까지 이야기했어요. 그러나 슈미라의 말재주를 헐뜯는 사람도 있었지요. 그들은 "저 사람은 말을 빼면 아무것도 아니야. 마음속에 바람만 잔뜩 들어 있어."라고 헐뜯는 거였어요.

아무튼 이런 슈미라의 말재주에 대한 소문은 이 마을에서 저 마을로 퍼져서 드디어는 사자타 성의 왕에게까지 전해졌습니다. 왕은 전쟁도 잘하지만 마음이 호탕해서 기분이 나면 술동이를 다 비우고 덩실덩실 춤도 잘 추는 사람이었어요.

그런 왕이 슈미라에게 설법을 청했던 거예요. 슈미라 평생에 가장 눈부신 날이었어요. 그는 며칠 동안 새벽에 일어나서 설법 연습을 했어요. 새벽의 잠든 숲이 깨어나서 그의 설법을 들었습니다. 숲의 신이 홀연히 나타나서 "이젠 되었소. 우리는 스님의 말에 감동을 받았소. 왕도 반드시 감동받을 거요."라고 하자, 그는 연습을 마치고 그 길로 사자타 성에 갔습니다. 그가 온다는 말을 듣고 여러 왕족과 귀족, 그리고 성안의 백성들이 마중을 나왔습니다.

슈미라는 고개를 숙이고 아주 엄숙하게 왕 앞에 나아갔습니다. 궁중의 넓은 강당은 나랏일까지 놓아두고 모여든 왕족, 대신과 관리, 백성으로 꽉 차 있었어요. 물론 왕도 슈미라 앞에 앉아 있었지요.

슈미라는 몸이 후들후들 떨렸으나 잘 견뎌 내면서 솜씨 좋게 설법을 시작했습니다. 낮부터 저녁까지 설법이 이어졌습니다. 그것은 마치 저 히말라야 눈 더미 속에서 처음 생긴 물줄기가 도도히 흘러 바다에 이르는 것 같았습니다. 이윽고 설법이 끝나자 왕은 벌떡 일어나 슈미라를 껴안았다 손을 잡았다 하면서, 기뻐 어쩔 줄을 몰랐습니다.

"짐은 오늘 그대의 말을 듣고 이 사자타의 모든 백성과 함께 기뻐하노라. 큰 잔치를 열어서 슈미라 스님을 칭송할지어다."

그날 밤 슈미라는 왕의 바로 옆에 앉아서 이제까지 보지 못한 크나큰 잔치의 주인공이 되었습니다.

이튿날 왕이 슈미라에게 말했어요.

"스님께 상을 드리고 싶소. 무엇이든 원하는 것을 말해 보시오."

슈미라는 이때다 싶어 오랫동안 꿈꾸어 오던 것을 왕에게 말했습니다.

"여러 스님들이 머물 곳을 만들 수 있게 넓은 땅을 주십시오."

왕은 그 말이 떨어지자마자 기꺼이 그러겠다고 대답했습니다.

"좋습니다. 그러면 스님께서 쉬지 않고 달려가서 다다르는 곳까지 주겠소. 얼마든지 달려가서 땅의 넓이를 크게 잡으시오. 하하하, 오늘 아침도 어제와 다를 바 없이 몹시 즐겁도다."

슈미라는 말재주로 뜻밖에 넓은 땅을 차지할 수 있게 되었습니다. 그것도 이쪽에서 정하는 대로 다 얻을 수 있으니 얼마나 큰 상입니까. 그는 곧 신발 끈을 단단히 매고, 거추장스러운 승복을 벗고 넓은 들판을 뛰기 시작했어요.

"내가 한 걸음 더 뛰면 내 땅이 그만큼 더 넓어진다. 뛰자, 뛰자."

그는 죽을힘을 다해 뛰었어요. 드디어 더 이상 다리가 말을 듣지 않게 되었어요. 그는 쓰러진 채 일어설 수조차 없었어요. 다시 한 번 힘을 내어 일어나서 뛰어 봤어요. 또 쓰러져 버렸어요. 이젠 정말 한 걸음도 뛸 수 없게 되었어요.

그러자 그는 땅에 엎드린 채 뒹굴기도 하고 기어가기도 했습니다. 얼마 지나자 그마저도 할 수 없게 되었습니다. 그는 도저히 움직일 수 없게 되자, 가지고 있던 지팡이를 앞쪽으로 있는 힘을 다해서 던졌습니다.

"저 지팡이가 떨어진 데까지가 나의 땅이다."

그는 이렇게 외치고 그 자리에서 기절해 버렸어요.

왕의 분부를 받고 슈미라의 뒤를 따르며 땅의 넓이를 정하던 관리들이 깜짝 놀라 숨이 끊어진 그를 부둥켜안았습니다.

"애석하오. 이렇게 많은 땅을 차지하고 돌아가시다니, 말 잘하는 스님이여."

그들은 이렇게 한탄했습니다. 그런데 그때 슈미라가 눈을 떴습니다. 죽은 게 아니라 잠깐 숨이 멎었던 거예요. 관리들은 와, 하고 놀라면서도 천만다행이라고 무척 기뻐했지요. 그런데 슈미라는 벌떡 일어나 지팡이가 떨어진 곳을 보더니 "아아, 원통하구나! 좀 더 뛰어갔으면 내 땅이 더 넓어졌을 텐데." 하고 몹시 안타까워했습니다.

이야기를 전해들은 왕은 크게 기뻐했습니다. 귀족들은 스님이 그렇듯 끝도 없는 탐욕을 부린다고 큰 벌이라도 내릴 줄 알고 조마조마했는데, 정작 왕은 그런 스님을 큰 그릇이라고 칭찬하는 것이었어요.

"됐어. 욕심을 부리려면 그만큼 철저해야지. 큰 그릇이군. 과연 슈미라는 큰 사람이야. 말재주만 있는 게 아니야. 장차 사자타 성도 그에게 맡기면 훌륭히 다스려 나가겠군."

왕은 수레에 실려 온 슈미라를 반갑게 맞아들였어요.

"그저 저 하늘 닿는 데까지 달라고 하지 않고, 뭣 하러 그렇게 뛰어갔소? 하하."

"전하, 아니올시다. 그렇게 하면 제가 그 땅을 알지 못하옵니다. 제가 직접 뛰어가 보아야 그 땅이 제 땅이 되는 것이옵니다."

"그 땅에 절을 짓겠소?"

"네, 절도 짓고 많은 스님들로 하여금 농사도 짓게 하고 약초도 가꾸게 해서 굶주린 백성과 병든 백성에게 골고루 나누어 줄 생각이옵니다."

"괜찮은 생각이로군. 백성들의 손이 모자라 저 기름진 땅이 그냥 벌판으로 묵은 지 오래인데, 이제 임자를 만났군."

슈미라는 말을 잘하듯이 그 땅도 잘 일구어 논과 밭, 과수원과 약초밭으로 만들기 시작했어요. 그리고 군데군데 절도 지어서 부처님 일행이 올 때마다 큰 법회를 열기도 했습니다.

어느 날 석가모니 부처님이 사자타 들판의 슈미라 땅에 와서 머무를 때, 그곳에 얽힌 사연을 듣고 이렇게 말했어요.

"우리는 욕심을 잘라 냈다. 그러나 그 잘라 낸 곳을 그대로 비워 두면 차라리 잘라 내지 않은 것만 못하다. 거기에 큰 소원을 채워야 한다. 욕심의 불길 대신 소원의 불길을 채워서 일을 해야 한다. 슈미라의 탐욕은 보통 탐욕이 아니라, 어느덧 소원으로 바뀐 것이다."

석가모니 부처님은 이어서 말했습니다.

"부처는 슈미라와 같다. 세상 사람들을 고통에서 건지고 잘살게 하려고 쉴 틈이 없다. 건질 사람이 있으면 쉬지 않고 뛰어가서 건져야 한다. 한 걸음이라도 더 뛰어가서 한 사람이라도 더 건져야 한다. 슈미라가 쓰러졌으면서도 기어가고 굴러가서 한 치의 땅을 더 얻은 것처럼 부처는 한 사람이라도 더 만나서 고통에서 그를 건져 내야 하는 것이다."

슈미라는 그 자신을 위해서 욕심을 부린 게 아니에요. 한 치의 땅이라도 더 얻으려고 숨이 끊어질 정도로 달린 슈미라의 마음은, 한 사람이라도 더 고통에서 구하려는 부처의 마음이었습니다. 그것은 욕심이 아니라 큰 소원이라고 석가모니 부처님은 말씀하신 거예요. 욕심은 우리를 사납고 불안하게 만들지만 큰 소원은 우리에게 커다란 용기와 지혜를 주지요.

부처님은 슈미라의 땅을 거닐면서 바라보았습니다. 과연 바다와 같이 드넓은 곳이었어요. 부처님이 곁에 따르는 슈미라에게 말했습니다.

"그대는 아직도 그렇게 말재주가 좋은가?"

"아닙니다. 이젠 말을 별로 하지 않고 일만 할 뿐입니다."

"착하다. 슈미라여, 그대의 말이 이제 일이 되었구나."

"부처님, 이곳을 사랑해 주소서."

슈미라는 석가모니 부처님 앞에 엎드렸습니다. 어느덧 날이 저물었습니다.

두 개의 머리를 가진 새

　어느 날 석가모니 부처님은 제자 다섯만을 데리고 숲 속에서 쉬고 있었어요. 여러 제자들은 각각 먼 곳으로 흩어져서 부처님의 가르침을 전하고 있었고, 모여들었던 신도들도 집으로 돌아가서 발길이 뜸했어요. 부처님은 신도들이 바치고 간 과일을 손수 제자들에게 나누어 주었습니다. 부처님도 하나를 먹으면서 라훌라에게 말을 건넸어요. 라훌라는 부처님이 카필라 나라의 왕자였을 때 낳은 아들이에요. 부처님이 깨달음을 얻은 뒤에 라훌라도 어린 나이에 부처님의 제자가 되었지요.
　"라훌라야, 지난날 내가 어느 세상에서 살았을 때의 얘기를 들려주랴?"

"저희는 부처님 말씀을 듣고 싶습니다. 그런데 저쪽 마을에 데바 닷타가 나타나서 부처님 욕을 하고 다닌다는 소문이 있습니다. 지금 가서 그를 타이르고 오겠습니다."

"아니다. 바로 그 데바닷타와 나 사이의 얘기를 하려는 것이다. 가만두어라. 그러다가 뉘우쳐서 우리와 함께할 날이 멀지 않다."

"부처님께서는 참으로 용하십니다. 어찌 소문도 듣지 않으시고 데바닷타가 나타나서 부처님 욕하는 줄을 아십니까?"

"너희들이 나를 보듯, 나는 고개 너머 마을까지도 다 볼 수 있지. 내 지난날의 세상까지도 볼 수 있단다."

이렇게 말하고 석가모니 부처님은 한숨을 내쉬었어요. 그는 오른쪽 허리를 땅에 대고 옆으로 누워서 이야기를 시작했어요. 새들도 몇 마리 날아와서 부처님이 누운 나무 위의 가지에 앉았습니다.

옛날 옛적 히말라야 산맥 기슭에 몸뚱이 하나에 머리가 둘 달린 신기한 새가 살고 있었어요. 다른 새들은 그 두 개의 머리를 가진 새를 무척 두려워했습니다. 그렇지만 그 새는 다른 새들을 물어뜯거나 쫓아다니거나 하지는 않았답니다.

한쪽 머리는 카루다이고, 다른 한쪽 머리는 우바카루다였어요. 말하자면 두 마리 새가 한 몸뚱이에 달린 셈이지요. 카루다가 잘 때는 우바카루다가 깨어 있고, 우바카루다가 잘 때는 카루다가 깨어 있었어요. 그러니 둥지를 틀 필요도 없었어요. 공중을 날아가면서도 하나는 자고 하나는 깨어 있었으니까요. 얼마나 편리한지 모릅니다.
 히말라야의 눈솔개가 나타나도 잠자다가 잡아먹히는 일 따위는 없었어요. 히말라야 눈솔개라면 하늘의 사자라고 할 만큼 무섭지요. 아주 멀리멀리 몇만 리라도 나는 큰 붕새도 이 눈솔개만 만나면 넋을 잃고 달아나는 판이니까요.
 아무튼 이 카루다와 우바카루다는 서로 지켜 주면서 잘 살아갔어요. 그런데 어느 날 우바카루다가 잠든 사이 카루다 혼자 깨어 있을 때였어요. 카루다는 우바카루다가 깨어나면 놀라게 하려고 연꽃 열매를 따다가 나뭇잎에 두었어요.
 "우바카루다가 깨어나면 이 연꽃 열매를 보고 놀랄 거야. 그리고 맛있게 먹겠지."
 그는 우바카루다가 깨어날 때까지 아무리 먹고 싶어도 꾹 참았어요. 우바카루다가 깨어났어요, 기지개를 쭉 펴고 나서 둘레를 둘아보다가 나뭇잎 위에 놓인 연꽃 열매를 보았어요.
 "야! 내가 제일 좋아하는 연꽃 열매네. 신난다, 어서 먹어야지."
 "얘, 우바카루다야, 내가 너를 주려고 따다 놓은 거야."
 카루다가 웃으면서 말했습니다.
 "야, 나는 잠을 자면서도 배가 고팠다. 네가 먹어 두었으면 좋았잖아. 이 바보야, 왜 먹지 않았니? 내가 먹든 네가 먹든 우리 배가 부른 건 마찬가진데."
 "딴은 그렇다."

"너는 왜 그렇게도 지지리 못나고 어리석으냐? 제발 나같이 똑똑해지기를 바란다."

"……미안하다. 나는 네가 깨어나서 맛나게 먹게 하려고 먹고 싶은 걸 참고 기다렸단다."

"이런 바보 천치 같으니라고. 네 배가 곧 내 배 아니냐!"

"그렇지만 머리는 두 개잖아. 배는 하나지만 입은 두 개지. 나는 네가 맛을 보고 먹기를 바란 거야."

"맛 따위를 보아서 뭘 해. 배만 부르면 됐지."

우바카루다는 마구 연꽃 열매를 쪼아 먹었어요. 말은 그렇게 했지만 맛이 좋으니 카루다의 입에 들어갈세라 정신없이 먹어 댔지요. 그러다가 결국 배탈이 났습니다. 우바카루다뿐만 아니라 카루다도 몹시 아팠어요.

우바카루다는 일이 생길 때마다 카루다를 나무라고 민성거리고 바보 천치라고 욕설을 퍼부어 댔어요. 카루다는 여간 슬프지 않았지만, 그래도 한 몸이라 꾹 참고 살아갔어요. 우바카루다는 자꾸 심술을 부린 탓인지 울음소리도 아주 나빠졌어요. 꽥꽥하고 돼지가 우는 것처럼 흉한 소리가 났지요. 그러나 카루다의 울음소리는 정말 영롱해서 하늘나라에서도 열심히 귀를 기울였습니다. 우바카루다는 카루다의 울음소리까지 샘을 냈어요. 그래서 카루다는 아예 울지도 않았습니다.

왜 그럴까요? 서로 한 몸뚱이에 달렸으니 한마음 한뜻으로 살아가야 할 텐데, 우바카루다의 사나운 심술 때문에 그럴 수가 없었던 거예요.

어느 날이었습니다. 우바카루다는 실컷 떠들다가 곤히 잠들었고 카루다는 깨어 있었어요. 때마침 바람이 불어 향기로운 마즈카 나무의 꽃이 카루다 머리맡에서 한들거렸어요. 그 꽃은 아주 귀한 거였어요. 누구라도 마즈카 꽃잎 한 개만 따 먹으면 900년을 산다고 했으니까요.

"야! 이건 큰 횡재다. 마즈카 꽃을 보게 될 줄이야 누가 알았어. 그런데 우바카루다가 잠자고 있으니 나만 먹을 수는 없지……. 아냐, 그 애는 먼젓번에도 내가 연꽃 열매를 먹지 않고 그냥 두었다고 욕을 했어. 그래, 내가 먹어 두어야지. 나 혼자 먹더라도 이게 뱃속에 들어가면 우바카루다도 똑같이 힘이 생기고 오래오래 살 수 있으니까."

카루다는 그 꽃을 배불리 쪼아 먹었습니다. 그랬더니 온몸에서 향기가 나고 배가 든든했습니다. 아주 기분이 좋아져서 오랜만에 맑은 목청으로 울어 보기도 했어요.

한참만에 우바카루다가 깨어났어요.

"카루다야, 배가 부른데 뭘 먹었니? 우리 몸에서 향기가 나는구나. 어찌된 일이냐?"

"우바카루다야, 내가 마즈카 꽃을 따 먹었단다. 그래서 우리가 이렇게 기분이 좋은 거야."

두 개의 머리를 가진 새 **141**

"뭐라고? 마즈카 꽃을 먹었다고?"

"그렇단다. 내가 먹어도 우리 둘이 먹은 것처럼 배가 부르니까 말이다."

그러나 우바카루다는 이번에도 화를 내는 거였어요.

"그런 향기로운 것을 너 혼자 먹다니. 나를 깨워서 함께 먹지 않고 너만 먹다니. 너는 나쁜 놈이다. 그래, 이젠 나도 맛있는 게 있으면 나 혼자서 먹어 치울 테다. 괘씸한 놈."

"자고 있는 너를 깨우기가 미안해서 그랬어. 전에 넌 내가 먹든 네가 먹든 배부른 건 마찬가지라고 말하지 않았니?"

"그때는 그때고, 지금은 지금 아냐?"

"화내지 마. 화내면 우리 모두 좋지 않아."

"내 마음 같아서는 당장 너와 떨어졌으면 좋겠다. 너 같은 놈하고 한 몸이라는 게 아주 불쾌하다."

"……."

우바카루다는 좀처럼 화를 가라앉히지 않고 그 뒤로도 카루다를 들볶아 댔어요. 걸핏하면 "카루다, 다 네 탓이야." 하고 소리를 질렀습니다.

이처럼 사이가 나쁜 카루다와 우바카루다를 보고 나무 하나가, "우리는 수많은 나뭇가지로 나뉘어 살지만, 너희 두 놈처럼 싸우는 일은 없다. 너희들은 참으로 한심하구나." 하고 흉을 보았어요.

어느 날 카루다는 밤새 눈을 뜨고 망을 보다가 잠이 들었고, 아침

이 되자 우바카루다가 눈을 떴어요. 우바카루다는 카루다를 골려 주려고 아주 먼 고장으로 훨훨 날아갔어요.

"저놈이 눈을 뜨면 여기가 어디인 줄도 모를 거야. 촌놈, 겁 좀 나겠지. 히히히."

우바카루다는 속으로 고소해했어요. 그런데 그때 이상한 나무 하나가 보였어요. 우바카루다는 그쪽으로 날아갔습니다. 그 나무에는 향기로운 꽃이 피어 있었어요. 그런데 다른 새들이 모두 겁에 질린 채 그 나무를 피해 서둘러 날아가고 있었어요.

"얘들아, 도대체 왜 그러는 거냐?"

"우바카루다야, 그 나무의 꽃에는 독이 들어 있단다. 거기 앉으면 안 돼!"

그러나 우바카루다는 딴 생각이 났습니다.

"이 독 있는 꽃을 먹으면 카루다도 함께 죽을 거야. 잘됐다."

우바카루다가 너무 힘을 주어 날개를 오므리는 바람에 카루다가 잠에서 깨어났습니다.

"카루다야, 왜 깨어났니? 어서 자거라."

"너, 너무 고생하는 것 같구나. 이제 네가 자거라."

"아냐, 괜찮아. 내가 눈뜨고 있을 테니 더 자."

우바카루다는 카루다를 거의 강제로 다시 잠재웠습니다. 그가 잠자는 걸 본 우바카루다는 '이때다!' 하고 그 독한 꽃을 마구 따 먹었습니다. 여러 새들이 그런 우바카루다를 보고 어쩔 줄 몰라 했습니다. 숲 속은 새소리로 무척 시끄러웠습니다.

카루다는 주위가 너무 떠들썩해서 슬그머니 눈을 떴어요. 뱃속이 이상하게 조금씩 아파왔기 때문이기도 했어요.

"우바카루다야, 이상하다. 너 뭘 따 먹었니? 아무래도 독이 있는 걸 먹은 모양이구나. 말도 못 하겠고 날개도 접지 못하겠어."

"그래, 독 있는 꽃을 따 먹었다. 네가 보기 싫어서 너와 함께 죽어 버리려고 말이야."

"뭐라고? 네가 그렇게 어리석은 줄은 몰랐다. 너도 함께 죽는 줄 몰랐니?"

"너만 죽으면 나는 어떻게 되어도 좋아."

"슬픈 일이야. 어쩌다 너와 내가 한 몸으로 태어났는지……."

그래요, 우바카루다는 독이 든 꽃을 먹으면 자신도 죽는다는 걸 알고 있었던 거에요. 그린네노 한 몸으로 태어난 카루다에 대한 미움이 너무 깊어 그런 어리석은 일을 저지른 것입니다.

카루다는 죽어 가면서 이 세상의 진리를 크게 깨달았어요. 그는 마지막으로 아름다운 목소리로 노래했어요.

지난날 바람 솔솔 부는 날
마즈카 꽃을 혼자 먹은 나를 원망하여
오늘 네가 저주의 꽃을 혼자 먹었구나.
나는 너를 사랑했건만

네 어리석음은 나를 미워했구나.

좋다. 어리석은 이와 함께 사는 것이

차라리 죽어서 서로 갈라지는 것만 못하구나.

그러나 어렵구나. 너와 내가 서로 갈라지는 일이여!

석가모니 부처님은 이 이야기를 들려주시고는 "카루다는 나이며 우바카루다는 저 마을에 나타난 데바닷타이다. 그는 아직도 그런 나쁜 인연을 지우지 못하는구나." 하고 끝맺으며 두 눈을 감았어요. 부처님의 눈에서는 눈물이 한 방울씩 흘러내렸어요.

500명의 동지를 위하여

　옛 인도에서는 농업뿐 아니라 목축업과 상업도 아주 크게 번성했어요. 농부들은 대개 것든 땅에서 씨 뿌리고 김매고 거둬들이는 일로 해를 보내니 다른 고장에 갈 틈이 별로 없었지요. 그래서 어쩌다가 조금 큰 읍내에라도 나가게 되면 "야아! 여기까지가 다 우리나라란 말이야?" 하고 감탄하는 일까지 있었습니다. 농부들은 제가 사는 땅 밖의 세상에 대해서는 생각하지 않았습니다. 누가 나라를 다스리는지, 이웃에는 어떤 나라가 있는지 알지 못했어요. 그저 오래 가뭄이 들었다가 비가 내리면 하늘에 "고맙습니다." 하고 고개 숙이고, 벼가 익을 무렵에 햇빛이 쨍쨍 나면 신명이 났지요.
　목축업을 하는 사람들만 하더라도 풀이 많은 곳을 찾아서, 또는 좋은 풀을 찾아서 여기저기 떠돌게 됩니다. 사냥을 해서 살아가는 종족도 마찬가지지요. 그러나 장사꾼들하고는 비교가 안 됩니다. 그들은 신기한 것들을 많이 보고 들으며, 오고가는 세상도 아주 넓습니다. 멀리는 아라비아에서 그리스로, 그리고 티베트와 중국의 남쪽에도 가는 거예요. 장사라고 해서 제 고장의 구멍가게나 장바닥밖에 모른다고 생각해서는 안 되지요.

옛날 인도에서는 고장마다 쓰는 언어가 달라 제가 사는 데서 벗어나면 말이 통하지 않았어요. 그래서 장사꾼들끼리 서로 통하는 공용어를 만들어서 여러 고장을 다니며 장사도 하고 물건을 바꾸기도 했어요.

그리고 바다를 건너다니는 장삿배도 많았습니다. 인도에서 베트남까지 돌아 올라가는 배가 옛날부터 있었던 것도 놀라운 일이지요. 그런 장삿배들이 먼 나라의 진귀한 보물을 많이 싣고 오다가 거센 풍랑을 만나서 바다 속에 가라앉아 버리는 일도 많았습니다. 배가 바다 한복판이 아니라 섬의 암초 부근이나 바다 기슭의 벼랑 밑으로 가라앉았을 때는 그것을 건져 내려는 사람들이 여간 들끓는 게 아니었지요.

석가모니 부처님은 자주 이런 장사꾼 뱃사람들을 만났습니다. 때때로 가르침을 전하기 위해 여러 섬에 건너간 일도 있었어요. 부처님은 제자들에게 "우리는 큰 배를 만들어 많은 사람을 태우고 가야 한다."라고 말한 적이 있는데, 그 말도 그런 바다 경험에서 나온 거예요.

 그 무렵 부처님을 따르는 지혜로운 무역상 선교는 500명의 장사꾼 무리를 이끌고 있었습니다. 그들은 얼마 전까지만 해도 농사꾼이나 산속의 나무꾼이었으나 극심한 가뭄과 홍수로 고향을 떠난 사람들인데, 선교가 아주 모험심 넘치고 양심적인 무역단으로 키워 낸 것입니다.

 그들은 많은 무역을 해 왔으나 그 무렵 여러 나라들이 무역을 금지하는 바람에 곤경에 빠지고 말았습니다. 그때 한 소년이 선교에게 와서 벵골 바다의 상푸루기 섬 부근에 보물선이 가라앉아 있다고 알려주었습니다. 선교는 그것이 사실인지를 알아보았는데, 벵골 바다를 잘 아는 노인과 바닷가 관청 벼슬아치가 몇 해 전 아라비아 상선 두 척이 보물을 가지고 오다가 가라앉은 적이 있다는 얘기를 해 주었어요.

 "됐어. 하늘이 무너져도 솟아날 구멍이 있는 법이다. 자, 동지들, 힘을 내자. 보물선을 건져서 큰 부자 마을을 만들고 우리 부모와 자손을 잘살게 하자."

 "와아!"
 "와아!"

 500명의 무역단은 일거리를 잃고 낙심하고 있던 터라, 선교 대장의 말을 듣고는 모두 살았다며 기쁨의 함성을 질렀어요. 그들은 곧 몇 길 아래의 물속으로 들어갈 잠수 훈련을 하고, 고래 힘줄로 꼰 동아줄도 마련하고 큰 배도 다시 수리하며 준비하기 시작했습니다.

안개가 낀 어느 날 새벽, 배는 아무도 모르게 나침반 하나에 의지해서 보물이 묻힌 바다를 향해 떠났습니다. 이 무역단을 까닭 없이 시기하는 아주 마음씨 검은 사람이 있었는데, 그는 선교 대신 무역단의 대장이 되려는 참쿠시타였어요.

'이놈들 어디 가서 뭘 하는지 알아내야지.'

그는 이런 속셈으로 배의 밑바닥 창고에 몰래 숨어 들어가 있었어요. 말하자면 501명이 배를 탄 셈이었지요. 선교나 다른 단원들은 그런 줄 꿈에도 몰랐어요.

바다는 사나웠습니다. 파도가 집채보다도 크고 석가모니 부처님 일행이 세운 여러 개의 절보다도 높이 치솟아 올랐어요. 그러나 이들 무역단의 누구도 겁에 질리거나 힘이 빠지거나 하지 않고 단결해서 배를 잘 이끌어 갔습니다.

이렇게 풍랑이 거세면 흔히 배에 탄 사람들이 서로 다투기도 하고 우두머리를 죽이는 일도 있어서, 참쿠시타는 그런 사건이라도 일어나기를 몹시 기다리고 있었어요. 그러면 창고에서 뛰쳐나가서 쉽게 500명 무역단의 대장이 될 수 있으니까요.

"이놈 선교란 놈, 어디 한번 당해 봐라. 네가 부처라는 자를 열심히 믿는다고 하더라도 이 뱅골 바다 용왕의 노여움은 당해 내지 못하리라. 네놈이 부하 졸개들의 난동에 죽으면 대장 자리는 내 차지다."

참쿠시타는 캄캄한 배 밑바닥에서 이렇게 중얼거렸습니다. 그러나 선교의 지혜와 힘을 깊이 믿고 따르던 모든 단원들은 사나운 풍랑을 넘어 상푸루기 섬까지 무사히 갈 수 있었어요. 그 섬 가장자리에는 진주와 바다에서 나오는 여러 보물이 널려 있었어요. 그렇지만 그들은 그렇게 쉽게 얻을 수 있는 보물은 일단 미루어 두고 바다 밑의 아라비아 보물선을 건져 내는 일을 서둘렀습니다.

그 일은 한 달도 더 걸렸습니다. 벌써 몇 사람의 잠수부가 목숨을 잃고 시체로 떠올랐습니다. 먹을 것도 떨어져 상푸루기 섬으로 가서 겨우 바위 위에 괸 물이나 야자열매, 바나나를 따다가 주린 배를 채우거나 물고기를 잡아먹으면서 힘을 낼 수밖에 없었어요. 산목숨을 죽이지 말라는 부처의 계율을 어긴 선교로서는 여간 마음이 괴로운 게 아니었어요.

드디어 보물선 하나를 발견해서 보물들을 하나하나 끌어올렸습니다. 배 안은 웃음소리와 만세 소리로 가득 찼어요. 상푸루기 섬의 갈매기들도 거기까지 날아와서 끼룩끼룩 울어 댔어요.

보물선 하나는 다음에 끌어올리기로 하고, 그들은 많은 보물을 배에 실었습니다. 이제 돌아가기만 하면 부자 마을을 만들 수 있었어요. 500명 무역단이 운영하는 시장을 바닷가에 세워서 그곳을 무역항으로 만들 수 있는 거예요.

배는 머리를 돌려 고향으로 돌아가기 시작했습니다. 오던 때와는 달리 돌아가는 바다는 잔잔하기 그지없었습니다. 돛대 꼭대기에 올라간 파수병이 "어어이, 뭍이 보인다!"라고 외친 것은 그로부터 며

칠이 지나서였어요.

배 밑창에 숨어 있던 참쿠시타는 화가 머리끝까지 났고, 먹을 것도 떨어져서 며칠 동안 굶주리고 있었습니다. 드디어 그는 보물을 실은 배를 빼앗고 단원을 죽이되, 자기 편을 드는 이는 부하로 삼아 달아나려고 결심했어요.

그는 칼 솜씨가 아주 좋은지라 칼을 빼어 들고 배 위로 올라갔습니다. 많은 단원들이 그를 막으려고 웅성거렸습니다. 그때 선교가 앞으로 나가 참쿠시타와 맞섰습니다.

"그대는 어찌하여 이 배 안에 숨어 왔느냐?"

"네놈들을 죽이고 보물을 빼앗아 가려고 그랬다. 졸개들아! 내 편을 드는 놈은 살려 줄 터이니 어서 이쪽으로 오너라. 선교를 죽이면 이 배는 내 것이 된다."

그러나 아무도 그쪽으로 가지 않았습니다.

"아니, 대장님! 저놈을 가만둡니까? 단칼에 목을 베어 벵골 바다의 상어에게 주어야 합니다."

이런 소리도 들렸습니다. 선교는 가만히 생각해 보았습니다.

'저놈을 죽이면 아무리 악한 사람이라도 죽인 건 틀림없으니 살생을 하는 것이다. 그렇다면 우리 단원 중 누구도 저놈을 죽이게 해서는 안 된다. 만약 우리가 가만히 있으면 저놈이 우리를 다 죽이고 살생죄로 지옥에 갈 것이다……. 그렇다면 나 한 사람이 저놈을 살생한 죄로 지옥에 가는 것이 낫다. 그래야 저놈이나 우리 단원은 살생

을 범하지 않으리라.'

그는 이렇게 생각했어요. 아니, 죽이지 않고 다치게만 하려고도 생각했어요.

"에잇!"

선교의 칼은 참쿠시타의 가슴을 찔렀습니다. 참쿠시타는 죽지는 않고 피를 흘리며 쓰러졌습니다. 단원들이 달려가서 칼을 빼앗고 온몸을 꽁꽁 묶었습니다.

"왜 죽여 버리지 않습니까?"

"사람을 죽여서는 안 된다. 그렇지 않아도 우리는 상푸루기에서 많은 물고기를 날것으로 잡아먹었다."

"저놈은 우리가 두고 온 보물선이 가라앉은 바다를 압니다. 그리고 우리가 보물을 차지한 걸 알고 있으니 우리에게 불리합니다. 죽여 버립시다."

"아니다. 참쿠시타는 이제 말 못하는 벙어리가 되었다. 시험해 봐라."

그 말대로 참쿠시타는 선교의 날카로운 사랑의 칼날에 찔린 뒤 벙어리가 되었고 몸 한쪽을 쓰지 못했어요.

"하하, 대장님 말대로입니다. 어떻게 된 겁니까?"

"자, 이젠 아무 위험이 없으니 풀어 주고 다친 곳에 약초를 붙여 주어라. 저놈은 사람과 짐승을 너무 많이 죽였으므로 저승에 가기 전에 이승에서 먼저 그 벌을 받기 시작하는 거다. 우리가 데리고 가서 살려 주자."

500명 무역단은 이제 이 참쿠시타까지 합쳐서 475명이었어요. 그들은 기뻤으나 시체가 되어 바다 속에 있는 26명의 동지를 생각하면 여간 슬프지 않았습니다. 그들은 목적지에 닿자마자 곧 큰 마을과 포구를 이루었고 마을 위의 높은 언덕에 26명의 동지들을 기리는 절을 짓고 그들의 넋을 위해 큰 제사를 올렸습니다.

그들의 무역은 여러 나라로 뻗쳐 나갔습니다. 그들은 부자가 되어 많은 절을 세우고, 부처님 일행이 바다 건너로 가르침을 전하러 갈 때 그 무역항을 길목으로 삼게 했습니다.

선교는 또 하나의 보물선을 건져 온 다음 단원들에게 말했습니다.

"우리는 이런 보물에만 만족해서는 안 된다. 우리는 이 보물보다 더 진귀한 지혜와 사랑을 가져야 한다. 이것들은 우리가 사는 동안에는 우리를 편하게 해 주지만, 우리가 죽은 뒤에는 아무런 도움도 되지 않는다. 살아 있는 동안에도 잘못 생각했다가는 이것들 때문에 큰 괴로움을 당한다. 재물이야말로 악마나 독사보다 무서운 것이다. 그러니 이 보물들을 아무도 혼자만의 것으로 만들지 말고 우리 모두의 재산으로 삼아야 한다."

그들은 그 많은 보물과 무역으로 벌어들인 여러 재물을 누구 하나 자기 것으로 삼지 않고, 모두 무역항의 높은 성 안에 있는 창고에 두었습니다. 또 그들은 각자의 고향으로 곡식과 옷도 보내고 집 지을 재목도 보냈으며, 죽은 동지의 가족들도 넉넉하게 살 수 있도록 해 주었습니다.

어느 나그네는 무역항을 지나며 이렇게 노래했어요.

어디에 이런 좋은 세상이 또 있을까.
이다음 부처와 보살 될 사람들이
여기 모여 지혜와 자비의 집을 지었네.
아름답구나. 지나가는 나그네 잘 쉬었다 가네.

독을 없애는 약

지타 나라에 마라야라는 이가 살았어요. 큰 부자인 데다 지혜롭고 덕망이 높아, 사람들은 그를 마라야 장자(長者, 덕망이 뛰어나고 세상일에 밝은 어른)라고 불렀지요. 그에게는 늦게 낳은 외아들 마호가 있었어요. 마라야 장자가 아흔 살이 되었을 때 마호는 겨우 열 살이었답니다. 마라야 장자는 외아들 마호를 정말 깊이 사랑하고 소중히 여겼습니다.

마호는 세 살 때 글을 깨치고 피리를 불 줄 알았어요. 무척이나 아름다운 피리 소리가 들려와 마라야 장자가 밖으로 나가 보니 글쎄, 아들이 요람 속에서 부는 것이었어요.

자라나면서 마호는 특히 독약이나 양약(良藥)을 잘 구분해 "이런 것은 안 돼요. 이런 것은 고뿔에 좋아요." 하고 꼬마 의사 노릇까지 했어요. 마을 사람들이 마호에게 물어서 병이 나은 일도 있었지요. 그 아이는 잘못해서 독을 먹은 사람을 낫게 하는 방법도 알고 있었어요. 독사에 물렸거나 독버섯을 잘못 따다 먹고 생명이 위태로운 사람도 마호에게 가면 살 수 있었어요.

어느 날 이렇게 영리한 마호가 잠깐 나간 사이였어요. 늙은 마라야 장자에게 옛 친구 몇 명이 찾아왔습니다. 손님 가운데 한 사람은 바로 이 장자를 늘 원수로 여겨 언젠가는 그에게 해를 입히려는 사람이었어요. 그는 마라야 장자뿐 아니라 그의 아들 마호와 늙은 아내, 장자의 은혜로 살아가는 지타 나라의 백성까지도 모두 없애려고 노리고 있었어요. 그런데 마호가 독을 없애는 법을 알고 있으므로, 몰래 숨어 마호가 나가는 걸 지켜보았다가 거짓으로 사귀어 둔 다른 장자 세 사람과 함께 그 집을 찾아온 거예요.

"마라야 장자님! 장자님은 이 나라 밖에까지 덕망이 높은 분으로 소문나 있습니다. 모든 이들이 장자님을 성스러운 분으로 우러러봅니다."

"무슨 말씀입니까? 이 늙은이는 아무런 덕도 베푼 일이 없소이다."

"하하, 오늘 덕이 높으신 장자께서 마을 잔치를 한번 베푸시는 것이 어떻습니까? 마침 제가 다른 고장의 장자와 옛 친구들도 모시고 왔으니까요." 하고 마음씨 나쁜 사나이가 말했습니다.

"덕이 높다 해서 잔치를 베풀 뜻은 없으나……, 멀리서 옛 친구들이 왔으니 이를 기뻐하는 잔치를 베풀겠습니다."

마라야 장자는 급히 사람을 시켜 음식을 넉넉히 장만하고, 마을 사람들도 일손을 쉬고 저택으로 와서 실컷 음식을 먹도록 징과 북을 울려서 알리게 했습니다. 예로부터 벗이 찾아오거나 먼 곳에서 나그네가 왔을 때 그들을 잘 대접하지 않고 보내면, 하늘의 벌을 받는다는 속담이 있을 만큼 이 지타 나라에는 어느 고장보다 손님을 융숭하게 맞아들이는 풍습이 있었습니다. 게다가 마라야 장자의 너그러운 마음이라면 이런 잔치쯤이야 쉬운 일이었지요.

그런데 마라야 장자는 옛 친구들을 데리고 와서 잔치를 벌여라, 덕망이 높다 어쨌다 하고 입담 좋게 지껄이는 낯선 사내가 의심스러웠어요.

"그런데 손님께서는 누구신지요?"

"네?"

그는 깜짝 놀라 얼버무렸습니다.

"저, 저는 그저 나그네올시다. 다만 제 스승께서 장자님을 아신다 하셨습니다."

"스승? 스승이 누구신데요?"

"네, 네, 이름 없는 분이십니다. 멀리 산에 들어가서 수행을 하십니다."

"그래요? 그런데 저의 옛 친구들은 어디서 만나셨습니까?"

"네? 네, 네……. 저 지타 나라 밖에서 장자님 댁을 찾는다기에 제가 모시고 왔습니다."

"그럼 손님께서는 우리 집을 이미 알고 계셨소?"

"네, 네. 저는 지타 나라에 들어온 지 여러 날이 됩니다."

앞뒤가 맞지 않는 말이었지만, 마라야 장자는 더 이상 그의 꿍꿍이속을 캐묻지 않았어요. 여러 귀한 손님들에 대한 예의 때문이었지요. 분위기가 거북해지자 그 낯선 사내는 슬슬 자리를 떠났습니다.

마라야 장자는 친구들과 함께 이야기를 주고받으면서 차를 마시고 있었습니다. 그러는 동안 낯선 사내는 제 요리 솜씨가 좋다고 뻐기면서 잔치 음식으로 장만한 것을 조금씩 맛보는 시늉을 했습니다.

"손님은 요리사요?"

요리에는 자신이 있는 장자네 집 요리사들이 약간 빈정거리며 물어보았어요.

"아니올시다. 그렇지만 음식을 많이 먹어 봐서 맛에 대해서는 꽤 자신 있다오."

그는 요리사들이 삐쭉삐쭉 하며 빈정거릴 뿐 별다른 의심을 하지 않고 돌아서자, 그 틈을 타서 요리에 마지막으로 붓는 국물에다 독약 가루를 뿌렸어요.

"아아, 맛이 제법이로군."

그 사내는 떠버리 시늉을 하다가 날쌔게 빠져 나왔습니다.

이윽고 한낮이 지나서 손님들을 위한 잔치가 베풀어졌습니다. 물론 낯선 사내도 손님들 자리 한구석에 염치도 없이 끼여 앉아 있었지요. 마라야 장자는 그 사내가 아무래도 마음에 걸렸으나 꾹 참았습니다.

 마을 사람들도 다른 잔칫상에 여기저기 둘러앉아서 영문도 모르고 좋아라 하며 술과 음식을 맛있게 먹기 시작했습니다.

 "마라야 장자여, 고맙소이다."

 "장자여, 우리 고장에도 한번 오셔서 제 잔치를 받으소서."

 손님들이 이렇게 인사를 하자 마라야 장자는 마음이 흐뭇했습니다.

 "자, 모두들 드십시다. 손님 대접이 너무 초라해서 미안합니다."

 이렇게 서로 잔을 주고받는데 그 낯선 사내만은 자꾸 문 쪽을 쳐다보면서 그냥 가만히 앉아 있었어요.

 "왜 드시지 않고?"

 "네, 실은 아까 미리 요리사에게 많이 얻어먹었습니다. 너무 시장기가 들어서요. 용서해 주십시오, 헤헤."

 마라야 장자는 그런 사내의 수작이 몹시 괘씸했습니다. 앗! 그때 장자의 몸이 뒤틀렸습니다.

 "아악!"

 "어이쿠!"

 "아이고 배야!"

 친구들은 물론 다른 잔칫상에 둘러앉은 마을 사람들도 모두 배를 움켜잡고 쓰러지고 구르고 야단법석이었습니다. 요리사들도 음식 맛을 본 것밖에는 없는데, 독이 퍼져서 마구 뒹굴었습니다. 장자의 늙은 아내도 피를 토하며 거꾸러졌습니다.

"아니, 왜들 이러십니까?"

시치미를 떼고 걱정하는 사람은 그 낯선 사내였습니다. 그때 마라야 장자의 아들 마호가 불쑥 들어왔습니다.

"아니?"

그는 사람들이 쓰러져 뒹구는 모습을 보고 얼른 음식을 살펴보았습니다. 거기에는 틀림없이 독이 섞여 있었습니다.

"마호야, 너 왔느냐?"

장자가 아픔을 참고 그렇게 말하자 마호는 큰일 났다고 말하려다가, 그러면 사람들이 더 날뛰고 몸을 굴러 대어 독이 더 빨리 퍼질까 봐 걱정이 되어 "네, 왔습니다."라고 아무렇지 않게 대답했습니다.

"이분들은 술을 너무 마셔서 이렇게 비틀거립니다."

"마호 도련님! 한잔 드시지요."

낯선 사내가 말했습니다.

"아닙니다. 저는 잠깐 나가서 아까 가져오다 만 보물을 가져와야 겠어요."

마호는 약방으로 가서 독을 푸는 가루약을 사 들고 뛰어왔습니다. 한 숟가락씩 물에 타서 그 자리에 있던 사람에게 먹였더니 하나둘 제자리에 앉기 시작했어요.

"아카다 약입니다. 히말라야 산의 선약(仙藥)입니다."

마라야 장자는 물론 그의 늙은 아내와 친구들, 그리고 마을 사람들과 요리사들도 모두 살아났습니다. 이 광경을 본 낯선 사내가 달아나기 시작했습니다.
"저놈 잡아라!"
마을 사람들이 쫓아가려 하자 마호가 딱 막아섰어요.
"됐어요. 그 사람은 가다가 늪에 몸을 던져 죽을 겁니다. 그 사람은 아버지가 덕이 높은 것을 질투한 사람의 아들입니다."
그들은 독이 든 음식을 모두 땅에 파묻고 새로 음식을 만들어서 잔치를 베풀었습니다.

석가모니 부처님은 이 이야기를 들려주시고는 집을 나가서 수행하고 사랑을 베푸는 보살은 이 장자의 아들 마호와 같다고 말했습니다. 그리고 이 세상의 온갖 괴로움은 낯선 사내가 음식에 넣은 독과 같고, 사람들은 그 장자네 잔치에 모인 이들처럼 신음하고 아파하며 살아가고 있다고 했어요. "독을 없애는 약을 가지고 오는 것이 바로 보살이 해야 할 일이다."라고 부처님은 끝을 맺었어요.
이야기를 듣고 있던 제자들은 열심히 공부하고 수행해서 어린 마호처럼 사람들을 고통에서 구하는 보살이 되겠다고 마음먹었습니다.

바보 중의 바보

석가모니 부처님은 사람에 따라 다른 말로 부처의 법을 전합니다. 백성들에게는 단순하고 소박하게, 바라문들에게는 아주 어렵고 복잡하게 말합니다. 그리고 어린이들에게는 어린이의 말로 이야기하지요. 이 이야기도 그런 것인지 모릅니다. 석가모니 부처님은 기원정사라는 절에 머물 때 이런 이야기를 들려주었어요.

구촌 마을에는 앞뒤가 아주 꽉 막혀 버린 듯한 답답하고 어리석은 사나이가 살고 있었어요. 그는 평화로운 마을에 심심치 않게 일을 저질러 놓아 사람들을 놀라게 하고 실컷 웃겨 주기도 했답니다.
한번은 마을 어른들이 젊었을 때 깊은 산중에 들어가 호랑이와 맞붙어 싸워서, 그 호랑이를 죽이고 가죽을 벗겨 가지고 왔다는 이야기를 듣고, 그 바보 사나이는 뒷동산에 올라가서 밤새도록 호랑이가 나타나기를 기다렸어요.

그렇지만 평야 지대의 자그마한 산에는 호랑이는커녕 토끼 한 마리도 나타나지 않았어요. 그는 하룻밤을 산에서 함초롬히 이슬까지 맞고 새벽에 투덜거리며 돌아와서, 옛날에 호랑이를 잡았다고 이야기한 노인에게 갔습니다.

"호랑이는커녕 생쥐 한 마리도 못 잡았어요."

"뭐라고? 뭘 못 잡았다고?"

"할아버지가 호랑이를 잡았다기에 나도 뒷산에 올라가서 밤을 새웠는데, 호랑이는커녕 생쥐도 한 마리 안 나타납디다."

"으하하하, 이런 바보야. 내가 간 곳은 뒷동산이 아니야. 저어기 저기 아주 먼 곤다라 산이었단 말이다, 하하하."

그 이야기를 들은 마을 사람들은 바보 사나이를 만나기만 하면 "여보게, 간밤에도 호랑이가 안 나오던가?" 하고 놀려 대었어요. 어쨌든 그 사나이는 늘 뭔가 일을 벌여 사람들을 웃기지 않으면 안 되는 이유라도 있는 듯 행동했답니다.

어느 해 섣달 그믐날 밤 난데없이 들에 큰 불이 났습니다. 사람들이 달려가 보니, 바로 그 바보 사나이가 짚더미에 불을 지른 것이었어요.

"너 이놈, 왜 여기에 불을 지른 거냐?"

마을 촌장이 호통을 치자 그 사나이는 볼을 실룩거리며 말했어요.

"오늘이 이 해의 마지막 날 아니에요. 우리 마을에 불이 난 일이 몇 번 있었는데 내년에는 불이 나지 말라고 그믐날 밤 마지막으로 불을 다 내버리는 거예요."

마을 사람들은 어처구니가 없었어요. 그렇지만 워낙 평화롭고 조용한 마을이라 바보 사나이가 이렇게 한 번씩 말썽을 피워도 웬만하면 다들 웃어넘기곤 했습니다.

지난해의 마른 연줄기에서 아직 새 연줄기가 솟지 않은 이른 봄이었습니다. 연꽃이나 연잎이 없는 연못은 쓸쓸했습니다. 아무도 거기에 가는 사람이 없었어요. 그런데 바보 사나이가 그런 쓸쓸한 이른 봄의 연못가에 나타난 거예요. 해해 웃기도 하고 혼자 침을 퉤퉤 내뱉기도 하며 무슨 일거리를 찾는 것처럼 여기저기 기웃거리는 거였어요.

그러다가 그는 연못을 들여다보았습니다. 그 물 위로 거꾸로 비친 자신의 그림자를 보고 깜짝 놀란 그는 마구 달아나면서 외쳤습니다.

"살려 줘요, 살려 줘! 내가 물에 빠져 죽었어요!"

그는 헐레벌떡 마을로 달려갔어요. 밭갈이하던 농부 하나가 이상하게 여겨 그에게 물었어요.

"무슨 일이냐?"

"내가 빠져 죽었어요, 내가……."

"아니, 너는 여기 이렇게 살아 있지 않느냐?"

"아닙니다. 영감님은 통 모르는구먼요. 가 보세요. 직접 가 보셔야 알아요. 나는 죽었어. 나는 연못에 빠져 죽었어. 틀림없이 죽었어."

"이런 미친 녀석 좀 보게……."

"갑시다. 영감님은 내가 지금 연못에 빠져 죽은 걸 몰라요. 가요, 보여 드릴 테니."

"뭐라고? 네가 죽은 걸 보여 주겠다고?"

"그래요!"

농부는 바보 사나이를 따라서 연못으로 갔습니다. 연못가에 서서 물속을 들여다본 그는 또 외쳐 댔습니다.

"봐요! 어? 어? 영감님도 나와 함께 물에 빠져 있네! 봐요, 나만 죽은 게 아니라…… 영감님도 죽었어요!"

농부는 큰 소리로 껄껄 웃으며 바보 사나이에게 말했습니다.

"이 바보 녀석아, 저건 네가 아니라 내 그림자야. 그리고 내 그림자도 있지 않느냐. 나나 너는 여기 이렇게 살아 있단 말이야."

"영감님이야말로 정말 바보예요. 바보! 영감님도 나도 지금 죽었단 말이에요."

바보 사나이는 이 농부가 어리석어서 자기가 죽은 것도 모른다고 가슴을 치고 게거품을 물면서 안타까워했어요. 그는 다시 마을로 달려가서 사람들을 우르르 데리고 왔어요.

"큰일 났어요. 저 영감님도 나도 다 연못에 빠져 죽었어요."

"그게 도대체 무슨 소리냐? 너는 지금 우리와 함께 이렇게 뛰어가지 않느냐?"

"가 보면 알아요. 아저씨들은 참말 바보예요."

그들은 연못가에 이르렀습니다. 먼저 가 있던 농부는 혼자 킬킬거리며 웃고 있었어요.

"자네들도 속았군 그래. 저 바보 녀석이 저 죽은 걸 보라 해서 왔더니……, 글쎄 이 그림자를 보고 나까지 죽었다지 않아."

바보 사나이는 마을 사람들을 떼밀다시피 해서 연못 물을 들여다보게 했습니다. 물 위에 그들의 그림자까지 나타나자 바보 사나이는 더욱 펄쩍펄쩍 뛰며 놀랐습니다.

"큰일 났네. 우리 마을 아저씨들까지 다 죽었으니!"

바보 사나이는 또 마을로 달려가서 아낙네들을 보고, "아주머니 남편들이 모두 연못에 빠져 죽었어요!" 하고 외쳐 댔습니다.

아낙네들도 깜짝 놀라서 바보 사나이에게로 몰려들었습니다.

"첫 번째는 내가 빠져 죽고, 두 번째는 밭갈이 아저씨, 세 번째는 마을 아저씨 여러 명이 빠져 죽었어요!"

"뭐라고, 여러 명이? 아니, 첫 번째는 너라고?"

"예, 나예요. 내가 빠져 죽었어요."

"이 바보 녀석아, 너는 여기 서 있는데 무슨 소리야!"

"어서 가 봐요."

바보 사나이는 엉엉 울기까지 했어요.

아낙네들은 고개를 갸웃거리다가 "이 녀석이 돌아 버린 거야. 하지만 한번 가 봅시다. 혹시 우리 양반들이 어찌 됐는지……." 하고 바보 사나이를 따라갔어요.

　마을 사람들은 연못가에서 서로 쳐다보며 웃고 있었어요.
　"이게 어찌된 일이에요?"
　한 아낙네가 물었습니다.
　"연못을 한번 들여다봐요."
　여자들은 연못을 들여다보았어요. 거기에는 그들의 그림자가 비쳐 있었어요.
　"봐요. 어? 어? 이젠 아주머니들까지 빠져 죽었구나!"
　바보 사나이는 또 엉엉 울었어요.
　"연못에 빠진 사람은 아무도 없다. 이 바보 녀석아."
　"하하하. 이 바보한테 또 속았는걸."
　마을 사람들이 바보를 떼밀자 바보 사나이는 "당신들이야말로 바보예요! 정말 어리석은 바보! 저거 봐요, 다 빠져 죽었지 않아요?" 하고 소리쳤어요.
　"아니다. 저것은 그림자다. 진짜가 아니란 말이다. 어째서 너는 그림자와 진짜를 구별 못 하느냐? 아이고, 이 바보 녀석아."
　바보 사나이에게 이렇게 쏘아붙이고 마을 사람들은 모두 돌아갔습니다. 밭갈이 농부가 바보 사나이를 데려가려고 등을 쳤지만, 그는 너무 겁에 질려 있어서인지 그 자리에서 못 박힌 듯 움직이지 않았어요.

연못은 다시 쓸쓸해졌어요. 바보 사나이는 고개를 기울여 물속을 들여다보았습니다.

"아악! 역시 난 죽은 게 틀림없어!"

바보 사나이는 큰 소리를 내어 엉엉 울었습니다. 얼마 동안 그렇게 울다가 지쳐 버렸어요. 찬 바람이 불고 있었어요. 그는 다시 한 번 물속을 들여다보았습니다. 그런데 물결이 일어 그림자가 보이지 않았습니다.

"어? 살아났구나. 어떻게 살아났지? 저 물에 빠져서 죽었는데 어떻게 살아났지?"

그는 그제야 몸과 머리를 만져 보고 자신이 살아 있는 것을 깨달았습니다. 그리고 "마을 사람들, 나 살았어요!" 하고 소리를 지르며 마을로 달려갔어요.

부처님은 제자들에게 이야기를 들려주고는 웃었습니다. 제자들도 함께 웃었어요.

"이런 어리석음은 그 바보 사나이한테만 있는 게 아니다. 우리 모두 따지고 보면 이런 어리석음을 가지고 세상을 살아가고 있다. 물에 비친 그림자를 보고 자신인 양 착각하고 잔물결만 일어도 마음이 바뀌어 허둥댄다. 깨달음을 얻는다는 것은 한결같이 자신의 참모습을 볼 수 있다는 뜻이다."

"부처님, 그렇습니다. 저희들도 그 바보 사나이만큼이나 어리석었

바보 중의 바보 **169**

습니다."
 그들은 자신들의 참모습을 새삼 밝혀 보고 스스로 어리석음을 깨우쳤습니다. 그리고 밤이 아주 깊어서야 잠이 들었어요.

덜 익은 고기

바라나시의 왕은 매우 사나운 왕이었습니다. 백성들을 억누르고 횡포를 부리기 일쑤였고, 대신들이 왕의 잘못을 이야기하면 당장 목을 베어 버리기도 했습니다. 왕궁에서는 자주 피비린내가 풍겼고, 백성들은 그 왕궁을 '피의 궁전'이라고 불렀습니다.

어느 해 왕은 곡식 16만 석을 세금으로 거두라고 했어요. 여름에 홍수가 나서 논밭이 많이 잠겼기 때문에 그건 정말 무리한 명령이었어요. 당장 끼니를 이을 곡식도 없다고 백성들의 원성이 높았지만, 관리들이 마구 긁어 오다시피 해서 간신히 11만 석을 거두었어요. 그런데도 왕은 세무 대신의 목을 베어 버렸어요.

"아바마마, 너무하십니다. 지금 이 나라의 대신이나 백성들은 아무도 아바마마를 마음으로부터 따르지 않고 있습니다. 아바마마, 부디 마음을 고치시옵소서."

태자가 왕 앞에 나아가서 말했습니다. 그러자 왕은 제 아들인 태자와 태자비까지 칼로 베려고 했어요. 늙은 대신이 이를 보고 말리자 왕은 그 대신의 목을 베어 버리고, 태자 부부는 멀리 나라 밖으로 내쫓아 버렸어요.

"아바마마는 나의 아버지도 이 나라 백성의 임금도 아니오. 아바마마는 지옥의 악귀라오."

태자는 아내에게 왕을 욕하면서 쫓겨났습니다.

그들에게는 이제 하인도 없고 재산도 없었습니다. 부부는 말 두 필이 끄는 수레를 타고 길을 떠났습니다. 그것도 국경 가까이 이르러서는 왕의 명령대로 국경 경비대에게 내주어야 했습니다. 국경을 터벅터벅 걸어서 넘어가니 그곳은 험악한 산숭이었습니다.

온갖 부귀와 영화를 누리던 태자는 이제 어디에도 의지할 곳 없는 신세가 되었습니다. 태자비는 태자에게 다시 돌아가서 왕에게 용서를 빌자고 했습니다. 태자도 그렇게 하고 싶은 생각이 없는 것은 아니었습니다. 지난날엔 자신의 말 한마디면 안 되는 일이 없었는데, 당장 먹고사는 문제를 걱정해야 될 처지가 되니 그럴 수밖에 없었지요. 그러나 태자는 그런 나약한 생각을 떨쳐 버렸습니다.

"안 되오. 비록 굶어 죽거나 짐승한테 잡아먹히는 한이 있더라도 내 생각을 바꿀 수는 없소. 우리가 아바마마에게 돌아간다는 것은 악귀에게 돌아가는 거요. 여기서 죽을망정 그럴 수는 없소. 아아, 나 때문에 죽음을 당한 그 늙은 대신이여!"

  태자는 그날부터 나뭇가지를 잘라다가 움집을 만들고, 죽은 나무나 삭정이를 꺾어다가 불을 피웠습니다. 그리고 나무칼과 나무창도 만들었습니다. 궁중의 무술 대회에도 나간 적 있는 태자는 창을 던져 작은 들짐승을 잡아 올 수도 있었어요. 얼마 뒤 태자는 사냥꾼에게 쇠로 된 칼과 여러 가지 연장을 구했습니다. 큰 나무를 쩡쩡 쓰러뜨려서 아주 훌륭한 통나무집도 세웠어요.

  그러나 워낙 깊고 메마른 산중이라 먹을 것이 없었어요. 조나 수수 같은 곡식이라도 갈아먹고 싶었지만, 그런 것이 자라날 땅이 아니었어요. 짐승도 무척 귀했습니다. 좋은 들판이나 언덕은 남의 나라 것이므로 차지할 수가 없었어요. 태자는 심지어 도둑이라도 되고 싶었으나 태자비가 말렸습니다.

  "여기서 이대로 살아갑시다. 아마도 언젠가는 아바마마께서 우리를 불러 주실 거예요. 그렇지 않더라도 아바마마께서 돌아가시면 백성들은 태자마마와 저를 꼭 찾을 거예요. 우리 그때까지만 어떻게 해서든 목숨을 이어 나가요."

  "……."

  "저도 처음에는 돌아가고 싶었지만, 이젠 이렇게 사는 것이 행복해요. 우리가 언제 이처럼 의좋게 단둘이서만 산 일이 있습니까? 온갖 복잡한 궁중 예의를 지켜야 하고, 여러 사람을 만나야 하고……,

덜 익은 고기

우리만 사는 일은 없었지 않아요?"

"좋소, 그럼 앞으로 힘들더라도 투정은 마시오."

추운 곳이라 나무 열매도 많지 않았습니다. 한번은 죽은 들토끼를 주워다 먹고 두 사람이 몹시 앓기도 했어요. 그 고기는 막 썩기 시작하던 것이었어요. 또 세찬 바람이 불어서 통나무집이 쓰러진 일도 있었어요. 태자는 집을 일으켜 세우다 몸을 다쳤어요.

그런데 다친 몸이 쉽게 낫지 않아서 며칠 동안 몸져눕게 되었습니다. 태자 대신 태자비가 나가서 창으로 사냥을 해 보았으나 날쌘 짐승이 잡힐 리 없었지요.

"이러다가는 정말 굶어 죽겠어."

태자는 다 낫지도 않은 몸으로 일어나서 창을 들고 산속 여기저기를 헤매 다녔습니다.

"누워서 죽느니 뭐라도 한 마리 잡다가 죽는 게 사나이답지."

그는 몇 번이고 울음이 나오려는 걸 참았어요.

날이 저물어 그냥 돌아가려고 했을 때였어요. 저물어 가는 숲 속에서 아주 살찐 멧돼지 한 마리가 나타났습니다. 멧돼지는 태자가 힘이 없어 보였던지 그에게 마구 달려왔어요. 날카로운 송곳니에 다리를 다치고 말았어요. 이건 사냥을 하는 게 아니라 잘못하면 사냥을 당하게 된 셈이지요.

태자는 달려오는 멧돼지를 몇 번 아슬아슬하게 잘 피했습니다. 그러는 중에 꾀가 생겼어요. 그는 곧 아주 커다란 아름드리나무에 등

을 기대고 떡 버티고 섰어요. 그랬더니 멧돼지도 마지막 힘을 내려고 한동안 멈춰 서 있다가 죽을힘을 다해서 달려오는 게 아니겠어요. 이미 태자도 멧돼지에게 다리를 다쳤고 멧돼지도 태자의 창에 맞아 피를 흘리고 있었어요. 멧돼지가 태자를 향해서 사납게 달려드는 순간, 태자는 옆으로 살짝 비켜섰어요. 그랬더니 멧돼지는 아름드리나무에 머리를 들이받고는 피를 쏟으면서 그대로 쓰러졌어요.

"됐다! 이놈!"

태자는 뻗어 버린 멧돼지를 메고 간신히 집으로 돌아왔습니다. 오랫동안 앓아누웠던 몸이고, 멧돼지와 싸우다 다치기까지 했는데 어떻게 그 멧돼지를 짊어지고 왔는지 자신도 몰랐습니다. 태자는 멧돼지를 내려놓자 그대로 쓰러져 버렸습니다. 허기가 진 데다 너무 힘을 써 버려서 기절한 것이지요. 태자비는 우선 찬물을 먹여서 태자를 정신 차리게 했습니다.

"내 멧돼지! 내 멧돼지!"

그는 미친 사람처럼 멧돼지 타령만 했습니다. 태자비는 낡은 솥에 물을 붓고 멧돼지를 삶아 내었어요. 그러고는 털을 뽑고 내장을 꺼낸 다음, 다시 솥에 넣고 돌소금을 뿌렸습니다. 요리라고 해 봐야 이렇게 소금을 뿌리면 끝나는 것이었어요.

태자는 다시 기운을 차렸습니다. 그는 아궁이로 가서 장작을 지펴 불을 세게 땠습니다. 그리고 이따금 솥뚜껑을 열고 익었나 안 익었나 살폈습니다. 그도 그럴 것이, 너무나 배가 고팠던 것입니다.

"물이 졸았어. 물 좀 더 길어 오시오."

태자비는 물동이를 들고 샘으로 갔습니다. 고기는 덜 익었으나 이미 고기 냄새가 잔뜩 풍겼어요. 태자는 그만 그 냄새에 정신을 잃어 태자비가 물을 길러 간 사이에 다 익지도 않은 고기를 꺼내 마구 뜯어 먹었습니다.

샘은 그들의 통나무집에서 멀리 떨어져 있고 물이 조금씩 나오기 때문에, 물동이를 가득 채우려면 여간 시간이 걸리는 게 아니었어요. 태자비가 물을 길어 왔을 때는, 멧돼지의 뼈와 창자밖에 남아 있지 않았어요. 태자는 그것마저 장작더미에 숨겨 버리고 흙으로 입술을 문질러 아무것도 먹지 않은 체했어요.

"아니, 고기가 다 어떻게 된 거예요?"

"깜짝 놀랄 일이 생겼어. 솥에 있던 멧돼지가 그만 다시 살아나서 도망을 쳤어!"

"뭐라고요? 반쯤 익은 걸 보고 갔는데, 익은 고기가 살아서 도망을 쳤다고요?"

"믿을 수 없는 일이야. 하지만 내가 똑똑히 보았지! 뒤쫓아 갔지만 잡을 수가 없었어."

"죽은 고기가 살아나다니요? 더구나 절반쯤 익어 버린 고기가……."

태자비는 부엌에서 풍기는 고기 냄새와 남편의 엉터리 이야기로 모든 것을 다 알게 되었지요.

"좋아요. 저는 굶고 자겠어요."

이제까지 그렇게도 다정하던 그들은 서로 등을 돌린 채 잠자리에 들었어요.

'남편의 사랑조차 헛되구나. 내가 없는 사이에 고기를 다 먹어 치우고는 도망쳤다고 하다니! 이런 남편을 의지하고 살아가야 하나!'

태자비는 다음 날부터 웃음 없는 얼굴로 살아갔어요. 아무리 배가 고프다고 해도 고기 한 덩어리 남기지 않고 자기만 배를 채운 남편에게 무엇을 더 기대하겠어요. 그 뒤로는 사뭇 우울한 날들이 계속되었어요. 남편이 짐승을 잡아 와도 정답게 서로 나누어 먹는 일이란 없게 되었어요.

이렇게 살아가는 동안, 고국에서는 왕이 세상을 떠났습니다. 왕족과 대신들은 몇 차례 회의를 거듭한 끝에 쫓겨난 태자와 태자비를 모셔다가 왕과 왕후의 자리에 앉히기로 했습니다.

태자 부부는 고국으로 돌아갔습니다. 새로 왕이 된 태자는 온갖 보물을 선물하고 갖은 선심을 써서 왕후의 마음을 옛날처럼 돌려놓으려 했어요. 그러나 아무리 노력해도 왕후는 언제나 우울하고 슬픈 빛을 띨 뿐이었어요. 왕은 그런 왕후가 야속해서 따지고 들었어요.

"내가 가진 보배란 보배는 다 주었는데 왜 나에게 웃음 한 번 보여 주지 않소? 참으로 슬픈 일이오."

그러자 왕후는 혼자 창가로 가서 노래했습니다.

아무리 많은 보배도 사랑만은 못하리.
그 옛날 오막살이 외로운 살림
산과 들로 사냥 나가는 모습 그리워라.
그러나 멧돼지 고기 한 덩어리 남기지 않고
다 없앤 지아비에게 무엇을 바라리.
돌아와 아무리 보배가 많아도
그때의 사랑과 고기 한 덩어리만 못하여라.

노래가 끝나자 왕후는 밖으로 나가 버렸습니다.
사람이란 어렵고 힘들 때일수록 자기 자신만 생각하게 되기 쉽지요. 그럴 때도 나 아닌 다른 이를 염려하고 보살필 줄 아는 사람이 참된 사랑을 가진 사람일 거예요.

석가모니 부처님은 이 이야기를 들려주고는, 여러 아낙네 신도들에게 "지난 세상에서 내가 그 태자였고 태자비는 내 아내였다."라고 숨김없이 말했습니다. 오늘날의 부처님도 옛날에는 그런 딱한 사람이었으니 모두들 낙심하지 말고 힘써 수행해야 한다고 당부했어요.
"부처님, 어찌하여 그런 아름답지 못한 것까지 말해서 이 아낙네들의 믿는 마음이 줄어들게 하십니까?"
한 제자가 묻자 부처님은, "그런 것으로 해서 믿는 마음이 줄어든다면 그런 마음을 어디에 쓰겠느냐?" 하고 꾸중을 했습니다.

고물상 큰아버지와 조카

어느 장사꾼 마을에 큰아버지와 조카가 고물상을 차려서 제법 돈을 벌고 있었어요. 그들은 전생 통에 각자 아내와 아이 그리고 부모를 잃었습니다. 그래서 큰아버지는 하루아침에 덜렁 홀아비가 되고, 조카는 부모 없는 고아가 된 거예요.

"애야, 네가 내 아들이 되어 함께 살자."

큰아버지가 조카에게 말했습니다. 어린 조카도 전쟁고아들이 수용되는 곳으로 가서 북적북적 사는 것보다는 큰아버지에게 가는 것이 여간 기쁜 일이 아니었어요.

그들은 서로 믿고 의지하면서 빈주먹으로 싸움터에 나가서 쇠붙이나 못 쓰게 된 물건들을 주워다가 대장간에 팔기도 하고, 또 웬만

한 것은 녹을 벗겨서 새 물건으로 팔기도 하며, 근근이 밥술이나 먹으면서 살게 되었지요.

어린 조카도 자라나면서 헌 쇠붙이를 줍는 일이나 헐값으로 물건을 사들이는 재주가 늘었습니다. 큰아버지는 차츰 물건을 사고파는 일에 요령이 붙는가 싶더니 사람을 속이기 시작했습니다. 보다 못한 조카는 큰아버지에게 충고를 했습니다.

"큰아버님, 아무리 우리가 헌 쇠붙이 장사를 한다지만, 너무 사람을 속이면 곧 소문이 나서 장사도 할 수 없게 됩니다. 그러니 제발 지나치게 속이지 마십시오."

"얘야, 너는 내가 데려다가 키워서 고물상 장사꾼으로 만들었는데 그게 무슨 소리냐? 그대로 내버려 두었으면 알거지가 되었거나 좀도둑이 되어 나쁜 길을 가고 있을 텐데."

큰아버지는 딴전을 피우면서 조카를 화나게 했어요.

"큰아버님, 그 말씀은 그동안 수도 없이 들어 왔어요. 저도 큰아버님 은혜는 잊지 않고 있어요. 그렇지만 지금 그런 이야기를 하자는 게 아니잖아요."

"나도 안다. 그러나 이놈의 나라는 그때나 지금이나 늘 싸움만 하고 있지 않느냐. 그러니 어서 돈을 벌어서 싸움 없는 나라로 가서 살아야 한단 말이다. 어서 값나가는 물건들을 모아야 해."

"아닙니다. 큰아버님. 큰아버님은 옛날 일을 벌써 잊어버리셨어요? 큰어머님이나 제 사촌형제들의 넋이 다 이 나라에 있는데 어찌 다른 나라로 가신단 말씀입니까? 다른 나라가 아무리 평화롭다 해도 우리나라만 못합니다. 싸움도 곧 끝날 겁니다. 그러니 이제 우리 남을 속이지 말고 살아가요."

"너는 부모를 잃고 가난하게 자란 아이가 어찌도 그리 바보 같은 생각만 하느냐?"

조카는 큰아버지를 설득하는 일을 그만두었습니다. 그리고 고물을 찾으러 집을 나갔습니다. 그는 매우 부지런하고 정직했으므로 다른 고물상과 달리 인기가 대단했습니다. 큰아버지도 그런 조카를 이용하고 있는 셈이었지요.

그런데 둘 사이에 말다툼을 피할 수 없는 일이 또 생겼습니다. 큰아버지가 어느 가난한 집에 가서 대대로 내려오는 조상의 유품을 쌀 몇 되 주고 가져와 버렸어요.

"큰아버님, 그건 장시할 물긴이 아니라 그 집 대대로 전해 오는 가보입니다. 그런 걸 쌀 몇 되 주고 속여서 가져오다니, 그건 말도 안 됩니다."

"뭐라고? 너는 바보로구나. 장사란 싸게 사서 비싸게 파는 게 원칙이야. 너는 장사할 자격도 없어. 이런 세상에서 장사치에게 무슨 놈의 양심이니 도덕을 찾는단 말이냐?"

"큰아버님!"

조카는 크게 소리를 질렀습니다.

"저는 도저히 큰아버님과 함께 살 수 없습니다."

"흥! 함께 살 수 없다고? 좋아, 어서 나가거라. 그러나 네 몫으로 줄 건 하나도 없다."

"저는 큰아버님이 저를 길러 주신 것만 해도 고맙습니다. 제 몫은 바라지도 않아요. 하지만 지금 나가면 당장 어디 갈 데가 없으니 남의 집 방이라도 얻을 만한 돈은 좀 주셔야겠어요."

"흥! 돈을 모르는 줄 알았는데 이제 보니 나보다 더 돈에 미쳤구나. 그럼 이걸 가지고 가서 살든지 죽든지 맘대로 해라. 네 녀석은 내 조카가 아니라 원수 놈의 자식이다."

그는 몹시 화가 나기도 하고 슬프기도 했어요. 그는 큰아버지가 내던진 코끼리 뼈 다섯 묶음을 가지고 집을 나왔습니다. 그런데 갈 데가 없었어요. 하는 수 없이 그 마을 외딴집의 헛간에서 하룻밤을 지냈어요. 그는 깊이 생각했습니다.

'이래서는 안 돼. 힘을 내자, 힘을. 나도 보란 듯이 장사를 하자. 내가 하면 큰아버지보다 더 큰 고물상을 할 수 있어!'

이튿날 그는 집주인에게 빈방 하나를 달라고 했습니다. 집주인은 늙은 홀아비였는데, 외동딸과 함께 살고 있었습니다. 평소에 고물상집 조카를 훌륭한 사람이라고 생각해 온 터라 말이 떨어지자마자 방을 내주었습니다.

그날부터 그 젊은이는 열심히 고물을 주워다가 쌓고 또 열심히 팔았습니다. 값을 비싸게 매기지 않으므로 좀처럼 큰돈이 모이지 않았습니다. 그래도 워낙 마음씨 고운 젊은이로 소문이 나 있어서, 그렇게 시작한 장사지만 어느덧 큰아버지네 고물상보다 더 잘되는 형편이었어요.

한번은 큰아버지와 조카가 길에서 딱 마주쳤습니다.

"큰아버님, 요즘 장사 잘되세요?"

"그런데 왜 그런 걸 묻지?"

"아닙니다. 그냥……."

"잘 안 된다. 네 녀석이 날 나쁘다고 떠들어 댄 탓에 사람들이 나한테는 고물을 내놓지 않는단 말이다."

조카는 날벼락을 맞은 셈이었지요.

"아닙니다. 제가 어찌 한 분밖에 안 계신 큰아버님의 장사를 밉지게 하겠습니까? 그것은 큰아버지 잘못입니다. 하루는 속일 수 있어도 백 일이나 천 일은 속일 수 없는 겁니다. 장사는 하루를 속여서도 안 됩니다. 믿음이야말로 최고의 장사 밑천입니다. 저는 빈털터리로 시작했지만 그 믿음 하나로 이렇게 잘되는 거예요."

"뭐라고? 네 녀석이 빈손으로 시작했다고?"

"빈손이었지요."

"내가 준 코끼리 뼈가 얼마나 비싼 건데……."

"그건 썩은 뼈라서 돈이 되지 않았어요. 지금 제 집에 그대로 두었어요. 큰아버님을 기념하려고 말입니다."

"이 녀석! 당장 꺼져라!"

큰아버지는 양심에 찔리는 것이 있었던지 큰소리만 치고 사라졌습니다.

어느 날 큰아버지는 강 건너로 고물을 사러 떠났습니다. 그 마을은 지금은 가난하지만 옛날에는 부자가 많았던 곳이라, 여러 가지 진귀한 물건들이 많다는 소문을 듣고 귀가 번쩍 해서 나룻배를 탄 것이지요. 이 소문을 조카도 들었던지, 그 역시 큰아버지가 건너간 뒤에 강을 건넜습니다.

강 건너 마을에 도착한 큰아버지는 어느 집에 가서, 홀어머니와 딸이 내놓은 오래된 금 쟁반을 보았습니다. 과연 값을 매길 수 없는 진귀한 보물이었습니다. 그러나 큰아버지는 시치미를 떼면서 침을 탁 뱉고 "이런 물건은 거저 주어도 안 가져가겠소." 하고 나와 버렸어요. 과연 장사는 잘하는 솜씨였습니다. 홀어머니와 딸은 그런 물건을 가보로 모셔 온 것이 부끄러워져, 마당 구석에 그대로 내버려 두었어요. 잠시 후 조카가 그 집에 나타났어요.

조카는 정중하게 홀어머니와 딸에게 인사를 했습니다.

"강 건너 고물상에서 왔습니다. 이 댁에 귀한 금 쟁반이 있다는 소문을 들었는데, 그걸 파신다면서요?"

딸이 그 젊은이의 믿음직한 모습을 보고 힘을 내어 말했습니다.

"저기, 저 마당 구석에 있는 거예요. 아까 나이 든 고물상이 와서 아무런 값도 안 나간다고 하기에 저기 버려두었어요."

조카는 그 금 쟁반을 보았습니다. 그리고 쇠붙이를 감정하는 칼로 쟁반 구석을 조금 그어 보고는 크게 놀랐습니다.

"아니! 이건 아주 대단한 보물입니다. 금 가운데서도 가장 좋은 금입니다. 제가 가지고 있는 돈이 적지 않으나 다 드려도 이 값이 안 됩니다. 그래도 저에게 파시겠습니까?"

"정말 이게 그렇게 좋은 물건이에요?"

"네, 아주 비싼 겁니다."

홀어머니와 딸은 그 젊은이가 정직하게 말하는 것에 감동하여 주는 돈 전부를 받고 금 쟁반을 기꺼이 팔았습니다. 조카는 그 금 쟁반 값으로 아무리 많은 돈을 주어도 손해 보지 않을 것이라고 생각했습니다. 도성에 가지고 가면 높은 자리에 있는 이들이 서로 비싼 값을 부르며 사려고 들 테니까요. 조카는 강 건너에 온 일을 크게 기뻐하며 집으로 돌아갔습니다.

얼마가 지난 뒤 금 쟁반을 형편없는 물건이라고 내던지고 갔던 큰아버지가 모녀의 집으로 다시 왔습니다.

"저어……, 아까 봤던 그 쓸모없는 금 쟁반 말입니다. 별로 내키지는 않지만, 마을에서 댁네가 아주 곤란하게 산다는 소식을 듣고 마음이 안되어 몇 푼 드리고 가져가려고 다시 왔습니다. 쌀 몇 말은 살 수 있는 돈이니 받으시오."

딸이 그 능구렁이 장사꾼 앞으로 다가가 말했어요.

"안됐네요. 지금 막 마음씨 고운 젊은이가 와서 가지고 온 돈 전부를 내놓고 사 가지고 갔어요. 안됐습니다, 째보 아저씨!"

큰아버지는 화가 머리끝까지 치밀어 올랐어요. 그는 한걸음에 나루터로 달려갔습니다. 배를 타고 강을 건너자 저만큼 앞에 조카가 금 쟁반을 등에 지고 천천히 걸어가는 게 보였어요.

"이 녀석아, 내 보물 내놓아라. 보물 내놔!"

그는 큰 소리로 조카를 불러 세웠습니다. 그런데 소리를 너무 크게 질렀는지 입에서 덩어리 피를 토해 내면서 쓰러지고 말았어요.

석가모니 부처님은 제자들에게 이 이야기를 들려주면서 욕심이 지나치면 생명마저 위태롭게 된다는 걸 깨우쳐 주었어요. 당장 눈앞에 이익이 되는 것만 찾으면 이야기 속의 큰아버지처럼 남을 속이게 되고 가장 가까웠던 사람까지 미워하고 서로 다투게 되지요. 부처님과 그의 제자들은 값진 옷도 좋은 음식도 가지지 않았어요. 많은 것을 가지려는 욕심이 오히려 우리를 불행하게 만드니까요. 조카의 착하고 정직한 마음이야말로 값진 보물보다 더 귀한 것인지도 모르겠습니다.

거북이의 먼 여행

　부처님은 이 세상의 모든 생명 있는 것들은 끝없이 태어나고 죽는 것을 되풀이한다고 말했어요. 마치 빗물이 모여 시내를 이루다가 강물로 흐르고 흘러 바다에 닿고 다시 물방울이 되어 하늘로 올라가는 것처럼 말이에요. 씨앗이 자라나 열매를 맺고 또 그 열매에서 새 씨앗이 나오는 것처럼 말이에요. 그러니까 우리가 비록 이 세상에서는 사람으로 태어났지만, 지난 세상에서는 별별 것이 다 되어 살아온 셈이지요.
　석가모니 부처님도 처음부터 부처가 아니라 우리와 같이 좋은 사람, 나쁜 사람도 되었으며, 소나 말이나 뱀이나 사자도 된 일도 수없이 많았습니다. 그러다가 어느 때부터 세상을 건지려는 뜻을 세워 조금씩 높은 사람이 되다가 마침내 이 세상에서 부처가 된 거예요.

 부처가 되면 되풀이해서 태어나고 죽는 일에서 완전히 벗어나게 되지요. 그러므로 슬픔도 고통도 없이, 또 잠깐 왔다 사라지는 즐거움 없이, 드높고 변함없는 큰 기쁨만을 누리게 됩니다. 그러나 아직 부처가 되지 못한 수없는 무리들을 사랑하여 우리와 함께 이 세상에 있는 것이지요.

 석가모니 부처님은 어느 세상에서 거북이로 바다에서 산 적이 있었어요. 우리들 역시 거북이로 산 적도 있고 물고기로 산 적도 있지요. 다만 그것을 돌아볼 지혜가 없어서 그냥 이 세상에서 사람으로 태어난 일밖에 모르는 거예요. 아니, 사람으로 태어났어도 서너 살이 돼야 자신이 사람인 것을 압니다. 그러나 부처의 지혜를 얻으면 아득하고 아득한 옛날 세상에서 자기가 무엇으로 살았는지 다 알 수 있습니다. 석가모니 부처님이 옛날 세상에서 거북이로 살았던 일을 기억할 수 있었던 것도 그런 지혜의 힘이지요.

 거북이는 바다에서 제멋대로 헤엄치기도 하고, 떠오르기도 하고, 또 바다 밑의 세상으로 가라앉기도 하면서 그야말로 자유롭게 살고 있었습니다. 어쩌다 상어들이 마구 떼를 지어 몰려다니는 걸 보면 상어 대장을 불러서 "애들아, 너무 설치지 마라. 그저 먹을 만큼만 먹고, 목숨 붙은 것을 너무 많이 죽이지 마라."라고 부탁했어요. 그러면 사나운 상어 대장은 "웬 참견이야, 바빠 죽겠는데. 게으름뱅이 양반, 그리 할 일이 없소? 참 딱도 하구려." 하며 가 버리곤 했습니다.

거북이는 참으로 마음이 넓고 사랑할 줄도 알아 위험에 처한 물고기들을 잘 도와주기도 했습니다. 몇몇 사나운 종류 외에는 모든 물고기들이 거북이를 잘 섬겼습니다. 사실 거북이는 바다 용왕의 아들이기도 했어요.

바다 밑과 바다 위에서 마음대로 살 수 있는 거북이는 어느 날 먼 곳을 바라보았어요.

"흠, 저게 뭘까?"

거북이는 태어나서 처음으로 땅을 본 거예요. 이 세상에는 바다밖에 없는 줄 알았으니 이상하게 보일 수밖에 없지요.

"허깨비인지도 몰라. 아니, 큰 물고기가 누워 있는 걸까? 아무튼 한번 가 봐야지."

거북이는 네 발을 꺼내 아주 솜씨 좋게 헤엄쳐 갔어요. 누가 봤다면 느림보 거북이가 저렇게 쏜살같이 헤엄치다니 하며 소스라치게 놀랐을 거예요. 거북이는 드디어 머나먼 수평선 저쪽까지 갈 수 있었어요.

"야! 이건 큰 물고기가 아닌데. 나무도 있고 집도 있고, 논밭도 있고, 사람도 있구나. 이건 우리 바다 밑 용궁에서는 전혀 모르고 있는 일이야. 바다 저편에서 잡혀 온 사람을 어린 시절에 본 일이 있는데…… 바로 그런 사람이 저기에는 많구나. 아! 정말 딴 세상이로구나."

거북이는 이런 새로운 세계를 발견한 뒤로 이따금 육지 가까이 가서 이것저것 구경했어요. 한번은 자주 바다 바깥으로 나가는 거북이더러 용왕이 말했습니다.

"너 요즘 바람이 난 모양이구나. 내가 네 자유를 막지는 않겠다만, 너무 나가 돌아다니는 건 좋은 일이 아니야……. 부지런히 공부해야 이다음에 극락에 간단 말이다."

"아버지, 저는 극락보다도 바다 밖의 세상에 태어나서 여러 사람을 도와주고 싶어요."

"허허, 그놈. 벌써 사바세계를 구경한 모양이구나. 거기는 괴로움이 무척 많은 곳이란다. 네가 그 괴로움을 없애 줄 수 있다면 그것도 썩 좋은 일이지."

몇 달이 지났습니다. 거북이는 철 따라 부는 동남풍을 따라 육지에 가까이 갈 수 있었어요. 바람이 파도를 밀어 줘서 거북이는 발을 접어 두고도 배처럼 바다 위를 달려갈 수 있었어요. 거북이는 용기를 내어 육지로 기어 올라갔습니다. 처음으로 육지에 발을 들여놓은 거예요.

"이게 땅이로구나."

그는 몹시 흥분되었어요. 바다에서처럼 헤엄칠 수가 없어 네 발로 엉금엉금 기었습니다. 그러다가 마침 햇볕이 따뜻해서 바닷가에서 낮잠을 자게 되었습니다.

거북이는 바다에 있을 때는 배처럼 보이고 바닷가에서는 넓적한 바위 같았어요. 거북이가 마음 놓고 잠들어 있을 때 그곳을 지나가던 나그네 몇 사람이 시원한 바다를 구경하다가 거북이의 등으로 올라갔습니다. 만약 자신들이 밟고 올라선 게 거북이의 등이라는 것을 알았다면 도망쳤겠지요. 그러나 그들은 평퍼짐한 바윗등인 줄로만 알았습니다. 그들은 수레와 수레를 끄는 지친 말들을 야자나무 밑에 두고, 거북이 바위에 올라와서 먼지에 찌든 옷을 벗고 바다를 바라보며 상쾌한 바람을 즐기고 있었습니다.

"야아, 이런 푸른 바다는 처음 보겠는걸."

"참 좋다!"

"어이 친구들! 여기서 밥이나 해 먹고 길을 떠나자꾸나. 경치 구경도 배가 부른 뒤의 일이야."

"암 그렇고말고, 하하하."

그들은 잠든 거북이의 등 위에서 장작을 지펴 밥을 했어요. 돌멩이를 괴고 거기에 솥을 걸어서 불을 때었지요. 거북이는 누가 제 등에 올라간 것도 모르고 계속 잠만 자다가 등이 뜨거워지는 것을 느꼈습니다. 거북이는 견딜 수 없을 정도로 등이 뜨거워지자 그제야 눈을 떴습니다.

'어럽쇼, 사람들이 내 등 위에 올라와 있군. 아니 불까지 때고 있네. 이거 안 되겠는걸.'

거북이는 그대로 바다에 들어가려고 하다가 멈칫했어요. 그렇게 되면 그 사람들이 물에 빠져 죽거나 상어 밥이 될 것이라는 생각이 들었기 때문이에요. 원래 사랑이 많고 남의 괴로움을 잘 보살펴 주는 거북이인지라, 그 나그네들을 놀라게 하지 않으려고 아주 천천히 얕은 바다로 들어갔습니다. 등이 너무 뜨거워 그냥 버티고 있을 수는 없었기 때문이지요. 사람들은 지진이라도 일어난 줄 알고 마구 소리를 질러 대며 안절부절못했어요.

어찌어찌해서 밥은 다 지어졌습니다. 그리고 불은 바닷물 때문에 스르르 꺼져 버렸습니다. 그때 거북이가 나그네들에게 말했어요.

"놀라지 마시오. 당신들을 바다에 집어넣지는 않을 테니까요."

"사, 살려 주시오."

"나는 거북이라오. 내 등이 바위인 줄 알았군요. 그 밥 짓는 불 때문에 뜨거워서 얕은 바다에 등을 적신 것뿐이오. 안심하시오."

"살려 줘서 고맙습니다, 거북이 님!"

"고맙습니다, 용왕의 아드님!"

거북이는 사람들이 자기를 알아보는 게 기뻤습니다.

"안심하고 바다 위에 떠서 배부르게 밥을 잡수시오."

"네."

"네."

나그네들은 정말 생전 처음으로 바다 위에 떠서 아주 맛있게 밥을 먹었습니다.

"이건 신선이 된 느낌이야."

"그렇군. 거북이 님의 덕택으로 이런 풍류를 즐기다니!"

거북이가 나그네들에게 한마디 물었어요.

"당신들은 어디서 오신 분들이오?"

"네, 저 히말라야 산맥 기슭에서 살다가 여기까지 떠돌고 있는 나그네올시다. 강물은 본 적이 있지만 이렇게 끝없이 넓고 깊은 바다는 처음입니다."

"그렇겠군요. 나는 히말라야 산맥을 본 일이 없는데 한번 가 보고 싶소."

"그러세요?"

"그러나 목숨이 붙은 것은 다 제 분수를 지켜 제 고장에서 살아야지요."

"부끄럽군요. 저희는 제 분수도 못 지키고 이런 바다에까지 왔으니……."

"아니오. 당신들은 사람이니 육지도 알고 바다도 알아야지요. 그런데 어디로 가는 길이오?"

"네, 여기서 남쪽으로 이 바다를 돌아 수다라라는 곳으로 가는 길입니다. 거기에 주인 없는 기름진 땅이 있다기에 농사나 지을까 하고……."

"아, 그래요? 그렇다면 바다를 너무 많이 돌아가는 셈이군요. 곧장 가면 사흘 걸릴 게 한 달도 더 걸릴 테니까요. 내가 태워다 드리겠소. 사흘 걸린다는 것도 사람 걸음으로 그렇다는 말이지 내가 가면 하루도 안 걸릴 거요."

"그럴 수가!"

"자, 어서 저쪽에 둔 말과 수레를 내 등에 실으시오."

그들은 얼싸 좋아라 하고 말과 수레를 끌어다가 거북이의 등에 실었습니다. 거북이는 쏜살같이 바다 위를 달려갔습니다.

"어! 벌써 저쪽에 사람들이 사는 거리가 나타나네."

"어! 정말!"

"저기가 수다라다. 저기서 조금만 걸어가면 빈 땅이 있다."

나그네들은 손뼉을 치며 기뻐했습니다. 거북이는 그들을 수다라 바닷가에 내려놓고, 배웅을 받으면서 바다 밑 용궁으로 돌아갔습니다.

석가모니 부처님은 사위 나라에 머무를 때, 이런 옛날 옛적 거북이 시절의 이야기를 들려주고는 "부처와 보살은 거북이처럼 사람들이 고통의 바다를 건너게 해 주는 배가 되어야 한다. 자기 혼자 건너가서는 안 된다."라고 말했습니다. 여러 제자들은 하나같이 마음속으로 "거북이 부처님! 그 지혜를 가르쳐 주셔서 기쁘고 기쁩니다." 하고 깊이 감사했어요.

비나를 연주하는 스님

석가모니 부처님이 왕사성 근처의 죽림정사라는 절에 머물면서 제자들의 공부를 살필 때의 이야기입니다. 부처님은 여러 제자들이 가르침을 받고 물러간 뒤, 마지막으로 영취산에서 공부하다가 온 스님 소나를 맞이했어요.

"그래, 소나야. 그동안 마음공부는 잘했느냐?"

소나는 다른 스님과 마찬가지로 아무런 거짓도 몰랐습니다.

"잘 안 됩니다."

소나는 고개를 숙이고 말했어요. 부처님은 빙그레 웃었습니다. 자신의 아들같이 사랑스럽고 참다운 제자이기 때문입니다. 그들은 한동안 아무런 말도 주고받지 않고 가만히 앉아 있었습니다.

곁에 있던 아난은 그런 스승과 제자 사이의 침묵이 무척 아름답다고 생각했어요. 햇빛이 보리수 잎 사이로 어른어른 비치고 있었어요. 여러 제자들도 골고루 햇빛을 받으면서 둘 사이의 침묵에 물들어, 저희들끼리 공부 이야기를 하던 것도 멈추고 입을 딱 다물었습니다. 주위는 조용했습니다. 새소리도 들리다가 끊어졌습니다.

소나는 본디 왕사성 밖의 바라문 집안에서 태어났습니다. 그러나 어린 시절부터 천민과 차별이 되는 자기의 높은 신분이 딱 질색이었어요. 어릴 때 집에서 부리는 종의 아들과 동무가 되어 양 떼와 소 떼 그리고 여러 짐승을 기르는 넓은 풀밭까지 간 일이 있었어요. 거기서 얼굴이 온통 하얀 머리털과 수염으로 덮인 늙은 양치기를 만나, 그가 양 떼를 몰다가 쉬면서 부는 피리 소리에 넋을 잃다시피 했어요.

"할아버지."

"아니, 바라문의 귀하신 아드님께서 여기는 웬일로?"

"할아버지, 저는 귀한 사람이 아니에요. 사람은 눈 달리고 코 달렸으면 누구나 다 똑같아요. 할아버지, 저도 그 피리 부는 법을 배우고 싶어요."

"안 됩니다. 이런 거야 우리같이 천한 사람이나 불다가 마는 거지요. 아니, 이건 저 양 떼들의 귀를 즐겁게 해 주는 것이라오."

"그래요? 양들이 피리 소리를 들을 수 있나요? 그렇다면 저도 양 떼와 똑같아요."

"허허, 어린 분이 아주 거룩한 스님 같은 말씀을 하시는구려. 정말 피리 부는 걸 배우고 싶소?"

"네, 제 동무랑 함께요."

소나는 함께 온 종의 아들을 가리켰습니다.

"그런데……."

늙은 양치기는 생각에 잠겼다가, 이 피리는 양을 모는 사람이나 배우는 것이니 그보다 더 좋은 것을 가르쳐 주겠다고 했습니다.

소나는 동무와 같이 양치기를 따라 그의 움막으로 갔어요. 움막에는 밥 짓는 솥 하나와 물동이 두어 개, 그리고 헌 가죽옷 따위밖에 없었습니다.

"자, 들어와요. 여기가 내 우주야. 이렇게 작은 움막이지만 여기서 하늘나라도 만들고, 극락세계도 만들지, 헤헤. 나는 부처님을 만난 일이 없지만 밤마다 부처가 되는 셈이야."

"부처님이라뇨?"

"응, 석가모니 부처님이란 분은 태자로 태어나서 왕의 자리도 버리고 스님이 되었대. 그분의 제자들이 여기저기서 굉장히 많이 생겨난대요. 그분은 사랑을 으뜸으로 삼고 지혜로 어리석음을 없앤대."

소나는 그 말에 말할 수 없는 기쁨을 느꼈어요. 그런 부처님을 한 번 만나보고 싶었습니다. 그러나 소나는 웬일인지 부처님 이야기를 자꾸 해 달라고 하기가 조심스럽고 무서웠어요.

"자, 그럼 내가 가르쳐 줄 게 있다고 했지?"

"네."

소나의 동무가 대답했어요. 그러자 하얀 수염이 무성한 양치기는 천장의 가래나무 사이에 끼어 얹어 둔 낡은 비나(비파와 비슷한 인도의 현악기)를 꺼냈어요.

"이게 뭐예요?"

"헤헤, 저 히말라야 너머에서 가지고 온 비나야."

그는 비나의 줄을 잘 고른 다음, 눈을 지그시 감고 '슬픈 이를 달래는 곡조'를 타기 시작했습니다. 소나의 귀와 마음은 그 비나 소리에 완전히 빠져 버렸습니다. 마치 하늘에 새가 날듯이, 강물에 배가 떠내려가듯이, 그 소리는 하염없는 세계로 소나와 그의 동무를 이끌어 갔어요.

그 비나 소리가 끝났을 때, 늙은 양치기는 눈물을 흘리고 있었습니다. 그 눈물은 비나와 양치기 노인이 하나가 되어 소리를 낸 기쁨 때문이라는 것을 소나는 어렴풋이나마 알 것 같았습니다.

"할아버지!"

"왜?"

"저 내일부터 이 비나 타는 법을 배우고 싶어요."

"옳지. 소나한테는 피리 소리보다 이 비나 소리가 더 잘 어울릴 거야. 하지만 결국에는 비나 소리도 버리는 날이 있을 거야. 암, 그렇고말고. 피리 소리보다 비나 소리가 더 좋다면 비나보다 더 좋은 것도 있지."

"더 좋은 것이 뭘까요, 할아버지?"

"이를테면 부처의 진리, 부처의 사랑, 부처의 지혜가 아닐까?"

소나는 늙은 양치기의 움막에서 이제까지 알지 못한 크나큰 세상을 안 것 같았어요. 움막 안에서 비나 소리를 들을 때는 몰랐으나, 그 소리가 그치자 여기저기서 양들의 울음소리가 들려왔습니다. 쿠르르르 하는 말 울음소리도 들려왔어요. 그 뒤로 소나는 날마다 몰래 이곳에 와서 비나를 배우고 돌아갔어요.

얼마나 배웠을까요? 어느 날 움막에 가 보니 새로 만든 비나가 하나 있었어요.

"할아버지, 이건!"

"응, 내가 소나에게 주려고 움막 밖의 굴속에서 조금씩 만들어 왔어. 어젯밤에야 다 만들었지, 헤헤헤."

"할아버지!"

소나는 기뻐서 늙은 양치기의 무릎에 쓰러졌어요.

"이젠 여기 오지 않아도 돼, 소나. 혼자 어디서든지 이 비나로 사람들의 마음을 울려 봐. 어떤 악기도 이 비나만큼 마음을 울릴 수는 없을 거야."

소나는 그 뒤로 움막에 가지 못했어요. 가고 싶어도 양치기 할아버지의 말을 어길 수가 없었던 거예요.

소나의 집에서는 비나를 배웠다고 야단이 났어요. 장차 이 고을을 다스릴 사람이 그런 악기나 배워서 벼슬아치의 잔치에 불려 다니는 천민이 되었다고 말입니다. 소나는 그런 집이 싫어져서 뛰쳐나가기로 마음먹었어요. 세상을 두루두루 다니면서 비나를 연주해 사람들의 슬픔과 괴로움을 달래며 살아가려고 한 거예요.

그는 많은 사람들에게 비나 소리를 들려주었어요. 그러다가 어느 숲 속에서 부처님 일행을 만났어요.

"그 소리 참 아름답구나. 그러나 소나야, 그보다 더 아름다운 일이 있단다."

부처님은 부처의 법을 이야기했습니다. 그래서 소나는 비나를 어느 나그네 숙소에 걸어 두고, 빈 몸으로 부처의 제자가 되어 떠돌다가 영취산에 들어가게 되었어요.

오늘 그런 소나 스님이 공부가 잘 안 된다고 말한 것이 부처님은 여간 기쁘지 않았어요. 왜냐하면 부처님의 제자는 이렇게 거짓이 없었으니까요.

"부처님, 공부를 해도 마음의 괴로움이 다 없어지지 않으니 차라리 세속으로 돌아가 비나나 타는 것이 어떨까 합니다."

소나는 이렇게 말한 다음 소리를 죽여 울었어요. 석가모니 부처님은 그런 소나를 지극히 사랑스럽게 바라보다가 "소나야, 너는 세속에 있을 때 비나를 아주 잘 탔지?" 하고 물었어요.

"네."

"비나를 탈 때 그 줄이 지나치게 팽팽하면 어떻더냐?"

"소리가 잘 나지 않았습니다."

"줄이 너무 느슨할 때는?"

"그때도 소리가 잘 나지 않았습니다. 줄을 너무 풀거나 죄지 않고, 알맞게 잘 골라야만 좋은 소리가 났습니다."

부처님은 소나 스님의 손목을 잡았어요.

"그렇다. 너의 공부도 그와 같다. 수행을 할 때는 너무 조급히 서두르면 들뜨게 되고, 너무 느리면 게을러진다. 그러니 알맞게 비나 줄을 고르듯이 공부하여라."

소나 스님은 부처님의 말씀을 마음에 새겼습니다. 비나 줄을 고르듯 마음을 가다듬고, 서두르지도 게으름을 피우지도 않고 꾸준히 공부했습니다. 그리하여 마음의 괴로움과 어리석음을 녹여 높은 깨달음을 얻었습니다.

소나 스님이 자신이 깨달은 지혜를 사람들에게 들려줄 수 있게 되었을 때 그들은 스님의 아름다운 말에 열심히 귀를 기울였어요. 지난날의 비나 연주처럼 소나 스님의 설법에는 다른 이들의 마음을 깊이 울리는 힘이 있었습니다.

장님 아나율의 지혜

　석가모니 부처님이 우주의 진리를 깨달아 부처가 된 뒤로 그를 따르는 제자들이 엄청나게 늘어나기 시작했습니다. 부처님은 신분을 따지지 않았으므로 제자들 중에는 백정의 아들이 있는가 하면 대신의 아들이 있었고, 어느 나라의 왕이 있는가 하면 도둑이나 거지, 천민도 있었습니다. 또 글이라고는 배워 본 일이 없는 이가 있는가 하면 나름대로 공부를 많이 한 철학자도 있었지요. 그러나 부처님의 제자가 된 순간부터 그들 사이에는 높고 낮음이 없었습니다. 다양한 사람들이 섞이다 보니 때로는 말썽이 생기기도 했지만, 부처님은 모든 제자들을 잘 이끌어 열심히 공부하도록 했어요.
　어느 날 석가모니 부처님은 기원정사라는 절에서 이 세상의 헛된 모양과 참된 모양을 이야기하고 있었어요. 많은 제자와 신도들은 눈빛을 초롱초롱 빛내면서 열심히 귀를 기울였습니다.

그러나 오직 아나율만은 설법 도중에 졸음이 와서 꾸벅꾸벅 졸고 있었어요. 처음에 슬슬 졸음이 오기에 부처가 이기나 잠이 이기나 어디 한번 맞붙어 봐라 하고 장난스럽게 생각했는데, 그만 잠이 이긴 셈이 되었어요. 그는 부처님에게 괜히 껄렁껄렁 대들기를 좋아히 하면서도, 정작 공부하거나 설법을 듣는 일에는 건성이었어요.

부처님의 기나긴 설법이 끝나자 감격하여 우는 사람까지 있었습니다.

"그동안 나는 헛된 것에만 매달렸구나!"

"오늘 부처님 말씀을 듣지 않았더라면 영영 잘못된 데로 빠질 뻔했어."

"꼭 술에 취했다가 깨어난 것 같아."

이런 말들을 주고받으면서 제자들은 쉬는 곳으로 가고, 신도들은 집으로 돌아갔습니다.

아나율은 부처님 말씀을 처음부터 끝까지 다 들은 사람처럼 시치미를 떼며 다른 제자들과 이야기를 나누고 있었어요. 부처님이 그런 그를 따로 불렀지요. 부처님은 "너 이 녀석, 왜 그렇게 잠꾸러기가 되었느냐?" 하며 혼내지 않고, 아주 조용히 말했어요.

"아나율아, 너는 어째서 집을 나와 부처의 법을 배우느냐?"

아나율은 머뭇거림 없이 배짱 좋게 대답했어요.

"태어나고 병들고 늙고 죽는 것과 근심 걱정하는 괴로움이 싫어서 그것들을 버리려고 집을 나왔습니다."

"그런데 너는 그것들을 버리는 법을 말하고 있는 자리에서 졸고 있으니, 어찌된 일이지?"

그렇게도 대꾸를 척척 잘하던 아나율은 입이 꿰매어진 듯이 아무 대답도 못 했어요. 그는 고개를 푹 숙였어요.

"네가 쉬는 곳으로 가거라. 가서 깊이 생각해 보아라."

부처님의 몇 마디가 아나율의 마음에 화살처럼 박혔습니다. 그날 밤 그는 밤새도록 자신의 자만심을 크게 뉘우쳤습니다.

이튿날 새벽같이 일어난 그는 부처님에게 가서 무릎을 꿇고 빌었습니다.

"부처님이시여! 저의 큰 스승이시여! 이제부터는 이 몸이 부서지는 한이 있더라도 다시는 부처님 앞에서 졸지 않겠습니다. 맹세합니다."

"아나율아, 참으로 착하구나. 부디 공부를 게을리하지 마라."

부처님은 아나율의 머리와 어깨를 정답게 쓰다듬어 주었어요.

석가모니 부처님은 얼마 뒤 다른 곳으로 설법 여행을 떠났습니다. 부처님은 한곳에서 눌러 살 수 없었어요. 이 고장에도 저 고장에도 다 골고루 진리의 가르침을 전해야 했기 때문입니다. 어느 고장 사람에게만, 어느 나라 사람에게만 통하는 진리는 그곳만의 진리입니다. 그러나 부처님의 가르침은 온 세상, 온 우주의 진리입니다. 그런 참다운 진리를, 몹쓸 병을 앓는 병자든 막 죽어 가는 노인이든 어린

아이든 누구에게든 다 들려주어야 했어요.

부처님이 다시 기원정사로 돌아온 것은 오래지 않아서였습니다. 기원정사에는 부처님의 말씀을 듣기 위해 새로운 무리가 기다리고 있었어요. 부처님이 설법을 끝냈을 때 뜻밖에도 아나율의 딱한 소식을 들었습니다.

지난번 부처님에게 참회를 한 다음부터 밤이나 낮이나 잠자는 일 없이, 두 눈을 부릅뜨고 공부하다가 그만 아주 낫기 어려운 눈병에 걸렸다는 거예요. 부처님은 곧 아나율에게 달려갔습니다. 그의 두 눈은 빨갛게 충혈되고, 눈가에서는 고름이 흘러내리고 있었습니다.

"아니, 이게 웬일이냐?"

"부처님이시여……, 괜찮습니다."

"아나율아, 너무 애를 쓰면 조바심이 나고, 너무 게으르면 괴로움이 생기는 법이다. 설법을 들을 때 존다고 내가 나무란 것은, 이렇게 눈병이 날 정도로 잠을 자지 말라는 뜻이 아니었다. 게으른 것도 조바심 내는 것도 모두 좋지 않다. 그 가운데를 취하도록 해야 한다."

그렇게 타일러도 아나율은 몸이 부서지는 한이 있어도 다시는 졸지 않겠다고 부처님 앞에서 맹세한 일이 있기 때문에, 끝내 말을 듣지 않았어요.

그의 눈병은 날이 갈수록 나빠져 이제는 눈앞의 사람도 못 알아보고, 아픔이 이루 말할 수 없었어요. 아나율은 비지땀을 흘리며 눈병과 싸우고 있었어요. 눈물겹고 처참한 일이었어요. 석가모니 부처님은 의사 지바카에게 그의 눈병을 급히 치료해 주도록 부탁했습니다. 지바카는 그의 눈병을 여러모로 진찰한 다음, "아나율 스님이 잠을 조금씩 자면서 눈을 쉰다면 나아지겠지만, 이렇게 계속 눈을 감지 않고 끝끝내 치뜨고 있으면 아무 효험이 없겠습니다." 하고 말했습니다. 지바카는 이번에는 아나율에게 간곡히 말했습니다.

"스님, 이러시면 정말 큰일 납니다. 부디 잠을 좀 주무십시오."

"당신은 가시오. 나는 지금 잠이 이기나 내가 이기나 싸우고 있소."

아나율이 단호하게 말했습니다. 그럴 수 있을까요? 정말 그럴 수 있을까요? 부처님의 여러 제자들은 이처럼 지독한 아나율에게 두려움마저 느꼈어요.

"아나율아, 잠을 좀 자거라. 이 세상 무리의 몸은 먹지 않으면 시들어 죽는 법이다. 눈은 잠으로 먹이를 삼는 것이다. 귀는 소리를 먹고, 코는 냄새를, 혀는 맛을, 살갗은 닿는 느낌을, 생각은 여러 현상을 먹이로 삼는다. 그리고 부처는 열반(완전한 깨달음을 이루어 괴로움이 없는 마음 상태에 이르는 것)을 먹이로 삼는단다."

아나율은 눈병으로 괴로워하면서 부처님에게 물었습니다.

"그러면 열반은 무엇을 먹이로 삼습니까?"

"열반은 게으르지 않는 것으로 먹이를 삼는다."

그 말을 듣고도 아나율은 고집을 버리지 않았어요.

"부처님께서는, 눈은 잠을 먹이로 삼는다고 하셨지만 저는 도저히 잘 수 없습니다."

부처님은 슬퍼했습니다. "이런 어리석은 고집이 어디 있단 말인가." 하며 딱하고 딱한 제자로부터 떠났습니다. 부처님이 떠난 뒤 눈병이 더 나빠져 아나율은 앞을 볼 수 없는 장님이 되고 말았습니다.

"캄캄하구나! 잠과 싸워서 얻은 것이 이 캄캄한 어둠이로구나!"

그는 온몸으로 흐느끼며 울부짖었습니다. 그를 지켜보던 많은 사람들도 울음을 터뜨렸지요.

그러나 아나율은 장님이 되어서도 공부를 게을리하지 않고 절망하는 일 없이 마음을 가다듬어서 마음의 눈이 열리게 되었습니다.

그의 일상생활은 불편하기 짝이 없었습니다. 마음의 눈으로 진리의 세계를 보기는 하지만, 스스로 바늘 하나 꿸 수 없었어요. 어느 날 그는 해진 옷을 깁기 위해 바늘귀에 실을 꿰려고 애쓰면서 혼잣말로 중얼거렸어요.

"세상에서 좋은 일을 하려는 사람이 나를 위해 바늘귀에 실을 꿰어 주면 좋겠다."

그때 누군가 그의 바늘귀에 실을 꿰어 해진 옷을 기워 주었습니다. 그는 바로 석가모니 부처님이었어요. 아나율은 깜짝 놀라며 몹시 기뻐했습니다.

부처님이 조용히 그에게 말했어요.

"아나율아, 나도 끝없이 좋은 일을 베풀어야 하고, 너도 또한 그렇다. 어서 너와 네 벗들도 좋은 일을 쌓아 부처를 이루어라."

집을 나간 아들

　부처님의 제자 수보리는 부처님과 아주 높은 경지의 이야기도 주고받을 만큼 지혜가 뛰어났어요. 그는 부처님에게 이런 이야기를 들려주었습니다.

　옛날 상재라는 어린아이가 우연히 집을 나가게 되었습니다. 부모님을 미워했다든지 뭔가 큰 말썽을 피웠다든지 해서가 아니라, 그냥 한번 집을 나가고 싶어서였습니다. 문 밖에는 끝없는 길이 뻗어 있었어요. 그런 길을 가 보고 싶었던 거예요.
　그랬던 게 그대로 길을 따라 떠돌아다니는 사람이 되어, 나중에는 아주 집을 잊어버렸어요. 길가에서 자고 있다가 달리는 수레 소리에 잠이 깨면, 그제야 부스스 일어나서 다시 걷곤 했습니다. 일을 해 주고 얻은 밥 덩어리에 자기가 흘린 땀을 묻혀 먹기도 했어요. 땀은 짠맛이 나니 반찬이 되는 셈이었지요.

이렇게 여러 나라를 거지 나그네로 떠돌며 사는 동안, 세월은 흐르는 물인지라 어느덧 쉰 살이 되었습니다. 그는 돌고 돌아서 옛 고향에 다다랐습니다. 그러나 그곳이 자신의 고향이고 늙은 부모가 계신 곳이라는 생각은 못 했어요. 워낙 어릴 때 집을 나갔으니까요.

때마침 상재의 아버지가 왕성으로 가서 왕을 만나고 돌아오는 길이었습니다. 아들이 벌써 쉰 살이 되었으니 옛날에 젊고 힘세었던 아버지는 하얀 수염을 기른 일흔 살의 노인이 되어 있었습니다. 그는 왕을 자주 만나러 갈 만큼 나라에서 손꼽히는 부자였어요. 그러나 날이면 날마다 집 나간 자식을 생각하는 슬픔이 몇십 년 동안 그를 떠나지 않았습니다.

그러니 돌연 마을 한복판을 힘없이 지나가는 거지 나그네를 보고도 '앗! 내 아들 상재임이 틀림없다!' 하고, 바로 알아볼 수 있었겠지요. 아버지의 사랑에는 그처럼 오랜 세월이 흐르고 모습이 아주 바뀌어도 단박에 자식을 알아볼 수 있는 힘이 있는 걸까요? 아니면 열심히 아들이 돌아오기를 기도한 덕분이었을까요?

어쨌든 그는 상재를 집으로 데리고 갔습니다. 어머니는 이미 세상을 떠난 뒤였지요. 옛날부터 집에 있었던 하인들도 그 초라한 행색의 거지가 주인의 아들이라 하자, 어찌된 영문인지 모르겠다는 듯 모두 입을 딱 벌리는 판이었습니다.

'나는 네 아비다. 너는 내 아들이다. 단 하나밖에 없는 아들이다. 이제 내 창고에 가득한 보물을 넘겨주고 죽을 수 있겠구나. 내 재산은 다 너의 것이다. 나는 네가 집을 나간 뒤로 밤낮으로 너를 생각하고, 네가 돌아오기를 하늘의 신에게도 빌고 새로 나타난 부처님이 다니는 쪽을 향해서도 빌었다. 네가 네 발로 돌아왔으니 내 소원이 이루어졌다. 이제 죽어도 웃으며 죽을 수 있게 됐구나.'

아버지는 마음속으로 이렇게 외치면서 아들을 바라보고 있었어요. 그런데 난데없이 낯선 사람이 나타나 "내가 네 아비다."라고 말하는 것에 겁이 난 상재는, 아무래도 무슨 꿍꿍이속이 있는 것 같아 틈을 봐서 도망을 쳐 버렸습니다. 그 집 사람들이 자기를 죽이려고 달콤하게 꾀는 것이라고 생각했던 거예요.

그러나 그는 나이를 먹고 온갖 고생을 하며 살아온 터라 기력이 없었습니다. 얼마 못 가 힘센 하인들에게 붙잡혀 버렸어요. 하인들은 이런 말로 상재를 달랬습니다.

"여보게, 품삯을 곱절로 주겠네. 일손이 모자라서 그러니 그렇게 떠돌지만 말고 잠깐만이라도 우리를 좀 도와주게. 이 고장은 사내들이 전쟁터로, 또 성을 쌓으러 왕성으로 다 불려 가서 일꾼이 없다네."

상재의 아버지가 꾀를 내서 하인들에게 이러저러하게 말하라고 미리 일러두었던 거예요. 그 말에 상재는 귀가 솔깃해졌습니다. 그래서 하인들을 따라 집으로 다시 돌아갔어요. 말하자면 제집으로 돌아간 거예요.

그는 그날부터 하인들과 함께 쓰레기 더미 치우는 일을 하며 지냈습니다. 아버지는 그가 놀라 도망칠까 봐 "네가 내 아들이다."라는 말은 다시 입 밖에 내지 않았어요. 시간이 흐를수록 상재는 머슴살이에 익숙해지고 주인어른도 잘 섬기게 되었지요.

얼마 뒤 아버지는 병이 들어 죽게 되었습니다. 이 소문이 퍼지자 왕까지 다녀갔고, 여러 사람들이 슬픈 빛을 띠고 지켜보고 있었습니다. 아버지는 상재를 조용히 불러들였어요.

"너는 그동안 내 재산을 잘 지키고 쓰레기도 잘 치웠다. 그리고 나를 잘 보살펴 주었다. 그러니 글을 아는 이를 불러다가 이 보물 장부와 재산 장부를 잘 정리해서 네가 가지도록 하여라."

상재는 무슨 영문인 줄도 모르고 부자가 된 기쁨 때문에 어쩔 줄 몰랐습니다. 그가 물러난 뒤 아버지는, 이번에는 여러 사람들을 불러들였습니다.

"방금 나간 머슴은 실은 내 아들이오. 어려서 집을 나간 뒤 이제 돌아왔소. 그래서 내 재산을 다 그 아이에게 넘겨주니 그리 아시오."

그는 다시 상재를 불러들여서 "너는…… 내 아들……이다."라고 말하고는 숨을 거두었어요.

여기까지 이야기한 수보리가 부처님에게 조용히 물었습니다.
"부처님이시여, 어떻습니까?"

"재미있는 얘기로구나."

"부처님이시여, 바로 이 이야기 속에서 큰 재산을 가진 이는 부처님이시고, 집을 나가 거지로 떠도는 상재는 저희들과 같습니다. 그러므로 저희들은 부처님의 가엾은 아들입니다. 저희들은 어리석은 탓으로 많은 재산을 놓아두고도 하루 품삯으로 만족하듯, 큰 진리를 보지 못하고 작은 것에만 얽매여 살아왔습니다. 그러나 그것은 부처님께서 저희들에게 큰 진리를 보이시기 위한 방편임을 이제야 알았습니다. 저희들은 바라지도 않았는데 귀한 보물이 저절로 굴러 들어온 것입니다."

그 말을 듣자 부처님은 미소를 머금었어요.

"착하다. 집을 나간 어린 아들아, 길에서 자고 길에서 산 아들아, 너희가 그런 고행을 하지 않았다면 어찌 다시 아버지를 만날 수 있었겠느냐. 내가 너희에게 그냥 큰 진리의 보물을 준 것이 아니다. 너희가 온갖 괴로움과 온갖 슬픔을 이겨 내고 돌아왔기 때문에 그 보물을 받을 수 있었던 것이다. 부처의 법은 거저 받지 못한다. 받기를 간절히 바라거나 받을 일을 해야만 받을 수 있다."

수보리는 부처님의 이런 말을 듣고 여러 제자들과 함께 무척 기뻐했어요.

'이런 높으신 스승, 이런 큰 부처님을 우리가 늘 모시고 살다니! 그러나 참다운 부처의 법은 부처님 가까이 있다 해서 얻어지는 것이 아니다.'

그들은 마음속으로 이런 생각을 하고 있었습니다. 먼 길을 돌고 돌아 아버지에게 돌아온 아들처럼, 그들은 세상의 슬픔과 고통을 겪고 큰 진리를 깨달은 거예요. 그것은 값진 보물보다도 더 소중한 것이었습니다.

두 자매의 모습

부처님 제자 중에는 부처님보다 나이가 많은 가섭이라는 이가 있었습니다. 부처님은 그를 몹시 소중히 여겨 깊은 생각을 털어놓기도 하고 이런저런 일을 의논하기도 했어요. 이 세상의 삶이 얼마 남지 않았을 때 부처님은 나이 많은 제자 가섭에게 이런 이야기를 들려주었습니다.

어떤 여인이 남의 집에 들어갔습니다. 얼굴이 꽃처럼 아름답고 값진 비단옷을 입었으므로 집주인은 그 여인에게 홀딱 반해서 아주 반기며 물었습니다.

"당신은 어디 사는 누구시오?"

"네, 저는 공덕천에서 온 여인입니다."

"무슨 일로 이렇게 오셨소?"

"저는 제가 찾아가는 집마다 온갖 보물이 생기게 하고 집안을 흥하게 합니다."

이 말을 들은 주인은 그 여인을 맞아들여 꽃잎을 뿌리고 향을 사르는 등 야단법석을 떨었어요.

잠시 뒤 그 집에 또 한 여인이 찾아왔습니다. 그 여인은 얼굴이 험상궂게 찌그러졌으며 땟국이 졸졸 흐르고 아주 보기 흉한 누더기를 걸치고 있었습니다. 기뻐서 어쩔 줄 모르던 주인은 갑자기 언짢은 표정을 지었습니다.

"도대체 당신은 누구요? 왜 우리 집에 들어오는 거요?"

그 보기 흉한 거지 여인은 킬킬거리면서 아주 고약한 목소리로 이렇게 대꾸하는 거였어요.

"나 말이오? 나는 흑암천의 여인이오."

"무슨 일로 여기 왔소?"

"해해해, 나는 내가 가는 집마다 재산도 없애고 자손도 죽게 하지요. 바로 그 일로 여기에 온 거라오."

이 말을 듣고 화가 난 주인은 칼을 번쩍 치켜들고 "네이년! 썩 물러가지 않으면 이 칼로 당장 목을 쳐 죽여 버릴 테다!" 하고 소리치며 덤벼들었습니다. 그래도 그 여인은 끄떡도 않고 크게 외쳤습니다.

"여보시오, 주인 양반! 당신은 대장부가 되어 가지고 딱하구려. 참

으로 어리석고 지혜가 없구려. 조금 전에 여기 들어온 여인은 바로 내 언니요. 나는 항상 언니와 함께 다니기 때문에, 당신이 나를 쫓아 내면 결국 내 언니도 따라 나가게 된다는 걸 모르오?"

집주인이 방 안으로 들어가서 공덕천의 여인에게 물었습니다.

"밖에 어떤 거지 같은 여자가, 아니 마귀 같은 여자가 와서 당신의 동생이라 하는데 이게 어찌된 일입니까?"

공덕천 여인은 애교 어린 미소로 대답했어요.

"그렇습니다. 그 애는 제 동생이랍니다. 주인께서 저를 좋아하고 반갑게 맞이하려면 제 동생도 좋아해야 합니다. 저는 항상 동생과 함께 다니고 한 번도 떨어진 적이 없습니다. 우리는 의좋은 자매랍니다. 가는 곳마다 저는 좋은 일을 하고 동생은 나쁜 일을 하지요. 제가 이로운 일을 하면 동생은 손해되는 일을 합니다. 그러니 저를 좋아하려면 동생도 함께 좋아하고 사랑해야 합니다."

집주인은 "이것들아, 다 꺼져라!" 하고 두 여인을 모두 내쫓아 버렸어요. 두 여인은 웃으면서 팔을 끼고 나란히 사라져 갔어요.

그들 자매는 어느 가난한 집 앞에 다다랐습니다. 가난한 집의 주인은 그들을 보자 반갑게 맞이하며 "우리 집에서 함께 삽시다." 하고 말했어요.

공덕천 여인은 이렇게 물었습니다.

"저는 좋은 일을 하지만, 제 동생은 아주 나쁜 일만 합니다. 그래도 함께 사시겠어요?"

"세상에 어찌 좋은 일만 있겠어요! 좋은 일이 있으면 나쁜 일도 있는 거지요. 어디 아름다움만 있고 그렇지 못한 건 없으란 법이 있나요? 함께 삽시다."

가난한 집의 주인은 거리낌 없이 자매를 집 안으로 들였습니다.

부처님은 이 이야기 속에 담긴 뜻을 가섭에게 일러 주었습니다.

"가섭이여, 태어나면 늙어야 하고 병이 들면 죽게 되는 법이오. 공덕천 여인은 사는 것을 뜻하고, 흑암천 여인은 죽음을 뜻하오. 어리석은 사람은 하나는 좋고 하나는 나쁘다고 하지만, 깨달음을 얻은 사람은 가난한 집의 주인처럼 그 모두를 맞아들이오. 그럼으로써 살고 죽는 일의 고통에서 벗어나는 것이오."

부처님은 태어나고 늙고 병들어 죽는 인간의 고통에 대해 고민하다 왕궁을 빠져나왔던 젊은 시절의 자신의 모습을 돌아보았습니다. 그때 이후로 참으로 많은 길을 걸어왔습니다.

서쪽 하늘에 온통 새빨간 저녁노을이 피어났습니다. 부처님은 눈부신 노을을 바라보며 혼잣말처럼 중얼거렸습니다.

"내 마지막이 멀지 않구나. 그러나 이 세상에 어찌 마지막이 있겠는가!"

그 말을 들은 사람은 가섭과 젊은 아난이었습니다. 여러 제자들은 부처님의 말씀이 준 감동 대신 차차 슬픔을 느끼기 시작했습니다. 노을은 곧 꺼져 어두워졌습니다.

엮은이의 말

부처님이 가르친 정신

고은

불교 경전은 '8만 대장경'이라고 하는 것만 보아도 짐작이 가듯이 매우 방대합니다. 정확히 말하면 8만 4천 가지나 되는 법문이 담겨 있습니다.

그 속에는 석가모니 부처님의 가르침과 중생이 지켜야 할 계율, 부처님 이후의 많은 보살들과 도인들의 설화(說話)까지 들어 있는데, 이것들을 모두 합치면 그 끝 간 데를 모를 정도입니다. 이러한 경전을 다 읽으려면 참으로 많은 시간이 걸립니다. 부처님은 45년 동안의 설법 여행을 통하여 이렇게 많은 말씀을 하셨는데, 이것은 그만큼 이 세상에는 온갖 문제들이 많다는 것을 뜻합니다.

나는 이 많은 불교 설화 가운데서 우리나라 어린이들에게 매우 유익하다고 생각하는 이야기를 몇 가지 추려서 이 책을 엮었습니다.

우리나라는 아주 오랜 옛날에 불교와 만났습니다. 그 당시의 우리나라의 사상이나 문화는 제대로 이루어진 것이라고 보기 어려웠습니다. 즉 아직 원시적이라 할 만큼 미약한 것이었습니다.

이러한 때에 훌륭한 고대 인디아의 종교인 불교가 들어옴으로써 비로소 우리 민족은 사상이나 정신문화에 힘입기 시작한 것입니다. 그런 만큼 우리의 근본 문화는 거의 불교문화라고 해도 지나치지 않습니다. 그것은 오늘날까지 남아 있는 여러 고적이나 문화재만 보아도 쉽사리 고개를 끄덕이게 됩니다.

우리는 참으로 오랫동안 불교와 함께 살아왔습니다. 고구려 소수림왕 2년(372)에 전진(前秦)의 스님 순도(順道)가 불상과 경전을 가지고 들어온 것을 불교 전래의 시초로 잡으면 무려 1천 600여 년을 같이 지내온 셈입니다. 그러므로 불교는 이제 인디아의 것이 아니라 우리 자신의 피와 살이 되고, 넋의 바탕이 되고 있는 것입니다. 그러나 우리 어린이들에게 권할 불교 책을 고르려고 하면 그럴 만한 것이 한 가지도 없어서, 나는 늘 이것을 개탄해 왔습니다.

불교를 만드신 석가모니 부처님도 어린이 여러분과 똑같은 어린 시절이 있었습니다. 여러분과 마찬가지로 부처님도 한없는 기쁨을 맛본 적이 있고, 때로는 슬퍼하기도 했습니다. 괴로움도 맛보고 간절한 소망도 가진 일이 있었습니다.

우리 어린이들이 우리의 조상들이 일찍이 만나 찬란한 고유문화를 이룩하는 데 밑거름이 된 불교 정신을 만나 보는 것은 중요한 일입니다. 부처님이 가르친 정신이 어떤 것인지, 그 근본을 잘 익혀서 스스로의 정신생활을 풍부하게 하고, 나아가 훌륭한 일꾼이 되어야겠습니다.

이 책에는 그런 소망에 대한 나의 한 가닥 뜻이 담겨 있습니다.